ACCESO GRATIS *a la Lectura en la Nube*

Para visualizar el libro electrónico en la nube de lectura envíe junto a su nombre y apellidos una fotografía del código de barras situado en la contraportada del libro y otra del ticket de compra a la dirección:

ebooktirant@tirant.com

En un máximo de 72 horas laborales le enviaremos el código de acceso con sus instrucciones.

LITIGIO ESTRATÉGICO EN EL SISTEMA INTERAMERICANO DE DERECHOS HUMANOS

Procedimiento de selección de originales, ver página web:
www.tirant.net/index.php/editorial/procedimiento-de-seleccion-de-originales

LITIGIO ESTRATÉGICO EN EL SISTEMA INTERAMERICANO DE DERECHOS HUMANOS

UBALDO MÁRQUEZ ROA

tirant lo blanch
Ciudad de México, 2024

En caso de erratas y actualizaciones, la Editorial Tirant lo Blanch México publicará la pertinente corrección en la página web www.tirant.com/mex/

Este libro será publicado y distribuido internacionalmente en todos los países donde la Editorial Tirant lo Blanch esté presente.

© EDITA: TIRANT LO BLANCH
DISTRIBUYE: TIRANT LO BLANCH MÉXICO
Av. Tamaulipas 150, Oficina 502
Hipódromo, Cuauhtémoc, 06100 Ciudad de México
Telf: +52 1 55 65502317
infomex@tirant.com
www.tirant.com/mex/
www.tirant.es
ISBN: 978-84-1056-360-5
MAQUETA: Tink Factoría de Color

Si tiene alguna queja o sugerencia, envíenos un mail a: atencioncliente@tirant.com. En caso de no ser atendida su sugerencia, por favor, lea en *www.tirant.net/index.php/empresa/politicas-de-empresa* nuestro procedimiento de quejas.

Responsabilidad Social Corporativa: http://www.tirant.net/Docs/RSCTirant.pdf

Índice

Introducción

En los sistemas de protección internacional y nacional de los derechos humanos, existen dos figuras inmutables que son: El titular (entendida como toda persona humana que goza de los derechos humanos) y el Destinatario (el Estado encargado de proteger dichos derechos a través de sus sistemas normativos e instituciones) una vez comprendida la existencia de estas dos figuras es importante hablar de la existencia de tres términos aparejados en la materia que son:

- Los derechos humanos
- Los derechos fundamentales
- Las garantías individuales

Los cuales hacen una sinergia de protección hacia la persona frente a las actuaciones del Estado, sin embargo, el incumplir con alguno de esto o con todos genera una situación de indefensión y vulneración hacia la esfera jurídica del gobernado, por tanto, las personas deben acudir al sistema interamericano de derechos humanos para obtener justicia y una reparación por parte de los Estados, garantizando que este tipo de acciones no se vuelvan a repetir.

Los Estados al firmar tratados internacionales en materia de derechos humanos asumen obligaciones con la comunidad internacionales de protección y fortalecimiento de la democracia. La denominada protección convencional permite que los derechos humanos establecidos en los tratados internacionales sean vigilados y hechos valer por organismos internacionales específicos, en el caso de América, la Convención Americana o Pacto de San José se hace valer por la Comisión y la Corte Interamericana de Derechos Humanos. Los criterios internacionales de protección a los derechos humanos dados a conocer por estos órganos internacionales poseen un carácter vinculante para el fortalecimiento de los regímenes internos de protección a los derechos humanos. Siendo así, estos criterios permiten mejorar el sistema jurídico mediante la vigilancia y el cumplimiento de lo señalado en la Convención Americana sobre derechos Humanos y otros tratados internacionales en la materia de los cuales sean competentes, tal es el caso que gracias a la jurisprudencia de la Corte Interamericana de Derechos Humanos, se ha desarrollado en México el bloque de convencionalidad, se reforzó el bloque de constitucionalidad bajo una perspectiva más garantista, se desarrollaron por parte del Poder Judicial del Federación diversos documentos denominados protocolos para juzgar en casos que involucren grupos vulnerables en materia de protección específica de derechos humanos, aunado a las distintas reformas que día a día mejoran al sistema jurídico.

El libro se encuentra diáfanamente narrado desde una perspectiva científica crítica y pedagógica, que pone de frente la realidad social, histórica y jurídica, mediante el empleo de una metodología exegética, cualitativa, cuantitativa y lingüística, mediante la cual se vuelve más sencillo de abordar. La obra no deja de lado la vinculación existente entre el sistema interamericano de protección a los derechos humanos y la justicia transicional, por lo cual día con día, este sistema internacional de protección se vuelve parte importante para la construcción de toda sociedad democrática y protectora de los derechos humanos. En esta obra de manera precisa el impacto de la justicia transicional y los procedimientos internacionales que han llevado a modificaciones sustanciales, países como Alemania, España, Chile y Argentina, aunado a lo que se vive dentro del contexto mexicano se vuelven un referente importante si se desea crear litigio estratégico en materia de derechos humanos.

La obra responde diversas dudas que existen conforme al sistema interamericano, plantea argumentos para realizar un litigio estratégico tanto del lado de los representantes de las víctimas como de los agentes del Estado, mediante una serie de sugerencia basadas en interpretaciones judiciales internacionales y conforme a lineamientos exegéticos y hermenéuticos de tratados internacionales como la Convención Americana de Derechos Humanos, para brindar una argumentación jurídica de alto impacto conforme al litigio internacional ante los órganos que componen el sistema interamericano de derechos humanos.

Capítulo I

I. EL SISTEMA INTERAMERICANO DE LOS DERECHOS HUMANOS PROMOCIÓN Y DEFENSA

Para nosotros, la Patria es América.
Simón Bolívar

La historia del continente americano es la historia de un solo pueblo, en el cual las divisiones fronterizas son simples líneas dibujadas en los mapas. En América las paralelas se tocan incluso se cruzan y convergen una y otra vez. La construcción de América integrada bajo los pilares señalados por Simón Bolívar como son: La necesidad defensiva, la seguridad de un desarrollo autónomo y la igualdad entre los pueblos, trascendían en la consolidación de lo que más tarde se conocería como "el sueño americano" el cual pareciera ser que únicamente se quedó en el norte del continente al garantizar las oportunidades para prosperar y tener éxito para lograr una movilidad social ascendente dentro de los Estados Unidos de Norteamérica y Canadá. Sin embargo, "el sueño americano" de Simón Bolívar se dirigía hacia una política de Estado común, en la cual las libertades fundamentales de las personas fuesen respetadas y hechas valer al máximo tanto por los individuos como por sus gobiernos, con independencia de las circunstancias fortuitas de su nacimiento, posición social, color de piel, creencia religiosa, orientación sexo-genérica, nacionalidad o cualquier otra diferencia que se atreviese a separarnos antes que unirnos. La política de Estado propuesta por Bolívar se vio influenciada fuertemente por filósofos como Jean-Jacques Rousseau quienes manifestaban la convergencia entre el derecho natural de las personas y la protección de un régimen jurídico bajo la salvaguarda del principio de legalidad. Los primeros pasos para logar una integración entre las naciones que conforman el continente americano se dieron en 1889 y 1890 con la Primera Conferencia Internacional Americana celebrada en Washington D.C., las semillas planteadas en esta reunión germinaron hasta consolidarse varios años más tarde, el 30 de abril de 1948 la Carta de Organización de los Estados Americanos (OEA), documento firmado en la ciudad de Bogotá y en el cual se plasmaban los ideales de Simón Bolívar, del cual México forma parte desde el 5 de mayo de 1948.

La consolidación de la Organización de los Estados Americanos sentó las bases de la protección internacional de los derechos humanos dentro América, al tener como compromisos prioritarios: El afianzar la paz y la seguridad en el continente, la promoción y consolidación de la democracia representativa dentro del respeto a los principios de no intervención, organizar acciones solidarias en casos de agresiones, promover la solución de los problemas políticos, jurídicos y económicos que se susciten entre las naciones, asegurar soluciones pacíficas de las controversias que llegasen a surgir entre los Estados miembros, promover el desarrollo económico, social y cultural[1]. México es un país que se suma al multilateralismo dentro de la protección internacional de los derechos humanos, ello implica que su política gubernamental interna y externa se basa en los principios de consulta, inclusión y solidaridad, mismos que refleja en su dedicación por cumplir con los objetivos del desarrollo sostenibles establecidos por la Organización de las Naciones Unidas (ONU) en la agenda 2030.

La Carta de Organización de los Estados Americanos en su artículo 3° señala a la letra "Los Estados americanos proclaman los derechos fundamentales de la persona humana", lo cual evoca al principio de universalidad. Vale la pena recordar la historia en este momento, pues en el año de 1948 se había firmado la Declaración Universal de los Derechos Humanos, con ello se establecían las bases para la creación de los sistemas internacionales de protección a los derechos humanos, si bien el Sistema Universal de Protección a los Derechos Humanos había surgido con la denominada Declaración, era cierto también que este tratado no poseía efectos vinculantes, al tratarse de un documento de buena voluntad por lo cual los Estados estaban en la libertad de incumplir con dicho documento sin que realmente hubiera una repercusión jurídica. Sin embargo, se habían fijado los pedestales del Derecho Internacional de los Derechos Humanos, en el cual se proporcionaba a las personas los medios de protección de sus derechos humanos reconocidos internacionalmente frente al Estado, en cuanto hacia a las actuaciones, omisiones de la autoridad y la formulación

---

1 Artículo 3 de la Carta de Organización de los Estados Americanos.

de normas de tipo general que violentaran dichas prerrogativas[2]. No obstante, se necesitaba de un sistema propio en América para la protección de los derechos humanos, el cual contara con un tratado con efectos vinculantes, al igual que de organismos autónomos y especializados para su protección y vigilancia, pues hasta ese entonces solamente se contaba con la Declaración Americana de los Derechos y Deberes del Hombre de 1948, la cual carecía de efectos vinculantes. De esta manera surge la Convención Americana sobre Derechos Humanos o "Pacto de San José" (CADH o Convención) al firmarse en San José Costa Rica el 22 de noviembre de 1969, la Comisión Interamericana de Derechos Humanos (CIDH) creada en 1959 y la Corte Interamericana de Derechos Humanos (CrIDH o la Corte) en 1979.

El sistema interamericano se consolidó como un sistema regional de protección a los derechos humanos el cual cuenta con una serie de instrumentos que pueden ser hechos valer y reclamados dentro de las contiendas internacionales, así como dentro de los fueros internos de los Estados, algunos de ellos se pueden señalar como:

Tipos de tratados internacionales de derechos humanos en el sistema Interamericano	Nombre de los tratados o acuerdos específicos en materia de derechos humanos
Instrumentos del sistema Interamericana de protección a los derechos humanos	1. Acta Final de la V Reunión de Cancilleres de 1959, mediante la cual se crea la Comisión Interamericana de Derechos Humanos (CIDH) 2. Carta de la Organización de los Estados Americanos. 3. Carta Democrática Interamericana. 4. Carta Social de las Américas. 5. Convenio de sede entre el Gobierno de Costa Rica y la Corte Interamericana de Derechos Humanos.

Tipos de tratados internacionales de derechos humanos en el sistema Interamericano	Nombre de los tratados o acuerdos específicos en materia de derechos humanos
	6. Estatuto de la Comisión Interamericana de Derechos Humanos. 7. Estatuto de la Corte Interamericana de Derechos Humanos. 9. Reglamento de la Comisión Interamericana de Derechos Humanos. 9. Reglamento de la Comisión Interamericana de Derechos Humanos sobre el Fondo de Asistencia Legal del Sistema Interamericano de Derechos Humanos. 10. Reglamento de la Corte Interamericana de Derechos Humanos. 11. Reglamento de la Corte Interamericana de Derechos Humanos sobre el Funcionamiento del Fondo de Asistencia Legal de Víctimas.
Promoción y protección a los derechos humanos	1. Convención Americana sobre Derechos Humanos (Pacto de San José). 2. Declaración Americana de los Derechos y Deberes del Hombre. 3. Declaración de Principios sobre Libertad de Expresión. 4. Protocolo Adicional a la Convención Americana sobre Derechos Humanos en Materia de Derechos Económicos, Sociales y Culturales "Protocolo de San Salvador".
Sobre la prevención de la discriminación	1. Convención Interamericana contra el Racismo, la Discriminación Racial y Formas Conexas de Intolerancia. 2. Convención Interamericana contra toda Forma de Discriminación e Intolerancia
Derechos de la mujer	1. Acuerdo entre la CIM y la Organización de los Estados Americanos 2. Convención Interamericana para Prevenir, Sancionar y Erradicar la Violencia contra la Mujer "Convención de Belem do Pará" 3. Convención Interamericana sobre la Concesión de los Derechos Civiles a la Mujer 4. Convención Interamericana sobre la Concesión de los Derechos Políticos a la Mujer 5. Convención sobre la Nacionalidad de la Mujer 6. Estatuto de la Comisión Interamericana de Mujeres 7. Reglamento de la Comisión Interamericana de Mujeres

Tipos de tratados internacionales de derechos humanos en el sistema Interamericano	Nombre de los tratados o acuerdos específicos en materia de derechos humanos
De los niños, niños y adolescentes	1. Convención Interamericana sobre Conflictos de Leyes en materia de Adopción de Menores. 2. Convención Interamericana sobre Obligaciones Alimentarias. 3. Convención Interamericana sobre Restitución Internacional de Menores. 4. Convención Interamericana sobre Tráfico Internacional de Menores.
Pueblos indígenas	1. Declaración Americana sobre los Derechos de los Pueblos Indígenas.
Personas con discapacidad	1. Convención Interamericana para la Eliminación de todas las Formas de Discriminación contra las Personas con Discapacidad
Personas adultos mayores	1. Convención Interamericana sobre la Protección de los Derechos Humanos de las Personas Mayores
Orientación sexual e identidad de género	1. Proyecto de Resolución "Derechos humanos, orientación sexual e identidad y expresión de género".
Sobre la administración de justicia	1. Convención Interamericana contra la Corrupción. 2. Convención Interamericana sobre Extradición. 3. Principios y buenas prácticas sobre la protección de las personas privadas de libertad en las Américas. 4. Protocolo a la Convención Americana sobre Derechos Humanos relativo a la abolición de la pena de muerte.
Empleo	1. Declaración de Mar del Plata.
Tortura y desaparición	1. Convención Interamericana para Prevenir y Sancionar la Tortura. 2. Convención Interamericana sobre Desaparición Forzada de Personas.
Nacionalidad, asilo, refugio y personas internamente desplazadas.	1. Convención sobre Asilo Diplomático. 2. Convención sobre Asilo Político. 3. Convención sobre Asilo Territorial. 4. Declaración de Cartagena sobre Refugiados. 5. Declaración de San José sobre Refugiados y Personas Desplazadas. 6. Declaración de Tlatelolco sobre Acciones Prácticas en el Derecho de los Refugiados en América Latina y el Caribe.

Tipos de tratados internacionales de derechos humanos en el sistema Interamericano	Nombre de los tratados o acuerdos específicos en materia de derechos humanos
	7. Declaración y Plan de Acción de México para Fortalecer la Protección Internacional de los Refugiados en América Latina. 8. Resolución Derechos Humanos de los Migrantes, Estándares Internacionales y Directiva Europea sobre Retorno. 9. Principios Rectores de Desplazados Internos. 10. Resolución de Prevención y Reducción de la Apatridia y Protección de las Personas Apátridas de las Américas. 11. Principios y Criterios para la Protección y Asistencia de los Refugiados, Repatriados, y Desplazados Internos Centroamericanos en América Latina. 12. Resolución de Protección de los solicitantes de la condición de refugiados y de los refugiados en las Américas. 13. Protocolo Contra el Tráfico Ilícito de Migrantes por Tierra, Mar y Aire, que Complementa la Convención de las Naciones Unidas Contra la Delincuencia Organizada Transnacional.
Uso de la fuerza y conflicto armado	1. Convención Interamericana contra el Terrorismo. 2. Convención para prevenir y sancionar los actos de terrorismo configurados en Delitos contra las Personas y la Extorsión Conexa cuando estos tengan trascendencia internacional.

Así como, otros tratados que vinculen derechos humanos sin importar el tipo de sistema que se trate o el tratado[3], conforme a lo anterior es posible observar las bondades del sistema interamericano de derechos humanos, lo cual ha abierto la puerta a que la interpretación que realiza la Corte Interamericana de Derechos Humanos sea amplia y progresiva para la salvaguarda de estas libertades fundamentales en América.

II. DESARROLLO INSTITUCIONAL DEL SISTEMA INTERAMERICANO DE DERECHOS HUMANOS

Desde que el sistema interamericano comenzó a funcionar en el siglo XX hasta nuestros días en el siglo XXI, varios Estados de América crearon y adoptaron diversos instrumentos internacionales de índole regional para fortalecer sus instituciones judiciales, administrativas y legislativas dentro de su ámbito interno, lo cual demuestra un compromiso en la promoción y protección de los derechos humanos, por ello muchos países de América, además de generar transformaciones legislativas e interpretaciones progresistas por parte de sus órganos judiciales, se han realizado esfuerzos para consolidar órganos autónomos de protección y vigilancia de estas mencionadas libertades, siendo así encontramos a lo largo del continente figuras como el *obusman* o las comisiones nacionales de derechos humanos.

El sistema interamericano de derechos humanos contiene varios instrumentos internacionales que lo han llegado a conformar, sin embargo, existen algunos documentos bases que revisten trascendencia para su adecuado funcionamiento menciónese de esta forma los siguientes:

1. La Carta de la Organización de los Estados Americanos, la cual establece la composición internacional, funciones y atribuciones como órgano colegiado, además de establecer las directrices que deben seguir los Estado miembros para consolidar un régimen de libertad individual y justicia social, fundado en el respeto a los derechos humanos, bajo los principios de universalidad, igualdad y no discriminación, así como las obligaciones de los Estados de respetar dichos derechos, pero sin existir un órgano internacional encargado de dicha vigilancia, promoción y protección.
2. Declaración Americana de los Derechos y Deberes del Hombre[4], tratado que funciona como un complemento a la Carta

---

4 ORGANIZACIÓN DE LOS ESTADOS AMERICANOS, Declaración Americana de Derechos y Deberes del Hombre, preámbulo, fue aprobada el 2 de mayo de 1948 en la Novena Conferencia Internacional Americana celebrada en Bogotá, Colombia.

de Organización de los Estados Americanos y que define los derechos humanos que conforman la Carta, además, establece las obligaciones de promover y respetar por parte de los Estados miembros de esta Organización dichos derechos, aunque este tratado carece de efectos vinculantes (por lo cual el incumplirla no conlleva ningún tipo de sanción). No obstante, la Declaración Americana de los Derechos y Deberes del Hombre, establece una concepción filosófico moral de los derechos humanos al señalar en su considerando la dignificación de la persona humana[5], al igual que su concepción filosófica jurídica establecida en la segunda porción normativa de su primer considerando "sus constituciones nacionales reconocen que las instituciones jurídicas y políticas, rectoras de la vida en sociedad, tienen como fin principal la protección de los derechos esenciales del hombre y la creación de circunstancias que le permitan progresar espiritual y materialmente y alcanzar la felicidad", y, en el tercer párrafo del preámbulo de la Declaración al reforzar los planteamientos previos bajo la consolidación de la figura del "derecho fundamental" que admite un reconocimiento de la libertad fundamental y la interpreta acuerdo con el contexto histórico y social que envuelve a su sociedad para establecer su positivización dentro de su orden jurídico.

3. La Convención Americana sobre Derechos Humanos o Pacto de San José[6], es un tratado multilateral cuyo propósito es consolidar en las instituciones democráticas, un régimen de libertad personal y justicia social, fundado en el respeto a los dere-

---

5 ORGANIZACIÓN DE LOS ESTADOS AMERICANOS, Carta de la Organización de los Estados Americanos, artículo 1 Reformada por los Protocolos de Buenos Aires, 27 de febrero de 1967, Cartagena de Indias, 5 de diciembre de 1985, Washington, 14 de diciembre de 1992, y Managua, 10 de junio de 1993, artículo 5 y 13

6 México hizo el depósito del instrumento de ratificación ante la Secretaría General de la Organización de Estados Americanos el 3 de abril de 1982. La Convención fue aprobada por el Senado de la República el 18 de diciembre de 1980, conforme al Decreto publicado en el Diario Oficial de la Federación el 9 de enero de 1981 y el Decreto de Promulgación se publicó el 7 de mayo del mismo año. Contiene 78 artículos y 4 artículos sobre disposiciones transitorias.

chos humanos de las personas en América. La Convención se divide en dos partes: La primera que contempla los derechos humanos de las personas y los deberes que los Estados deben adoptar en el fuero interno para garantizar su protección en el fuero interno sin que exista discriminación alguna para hacer efectivos estos derechos, así mismo, se establece los derechos y libertades sujetos a suspensión, las normas de interpretación y los alcances de las restricciones de estos derechos. La segunda parte del tratado contempla el aspecto procedimental en el cual se establecen los órganos encargados de la protección y promoción de los derechos humanos en América los cuales son la Comisión y la Corte Interamericana de Derechos Humanos, ambas capaces de conocer sobre los derechos contenidos en la Convención Americana. La organización, facultades y funciones de la Comisión se establecen de los artículos 41 a 43 y el procedimiento de peticiones individuales se establece en los artículos 44 a 51 de la Convención, mientras que la organización, competencias y procedimientos de la Corte Interamericana se establecen en los artículos 52 a 69.

4. Los estatutos y reglamentos tanto de la Comisión Interamericana y de Corte Interamericana de Derechos Humanos. Los primeros creados como marcos de referencia para la integración y el funcionamiento de estos organismos internacionales en cuanto a los procedimientos y la toma de decisiones. Los segundos reformados generalmente cada año, en los cuales se especifican las funciones procedimentales y la toma de decisiones conforme a la Convención.

5. Protocolos adicionales a la Convención Americana de Derechos Humanos, los cuales conforme al artículo 77 de la Convención Americana los Estados partes y la Comisión Interamericana pueden someter a la consideración de los Estados partes reunidos en las Asambleas Generales de la Organización de los Estados Americanos, proyectos de Protocolos adicionales a la Convención Americana para incluir progresivamente en su régimen de protección otros derechos y libertades, garantizando una protección más amplia.

Con base en lo expuesto anteriormente si se desea litigar ante el sistema interamericano de derechos humanos es fundamental conocer estos tratados internacionales ya que son la base procedimental para determinar los requisitos de admisión y admisión a trámite de las solicitudes, quejas y demandas ante los organismos internacionales correspondientes.

Capítulo II

I. CONOCIENDO A LA COMISIÓN INTERAMERICANA DE DERECHOS HUMANOS EN SU ESTRUCTURA Y ORGANIZACIÓN

La Comisión Interamericana de Derechos Humanos (CIDH) fue creada por la OEA en 1959, tiene su sede en la ciudad Washington D.C., los idiomas oficiales para este órgano son el Inglés, Español, Francés y Portugués, es el órgano encargado de la promoción y protección de los derechos humanos en el continente Americano. Se compone de siete miembros, quienes son ser personas de alta autoridad moral y reconocida versación en materia de derechos humanos. La duración del encargo de cada miembro es de cuatro años con posibilidad de reelección una vez por el mismo periodo de tiempo. Cada uno de los miembros será elegido a título personal por la Asamblea General de la Organización, de una lista de candidatos propuestos por los gobiernos de los Estados miembros, y cada gobierno puede proponer hasta tres candidatos, ya sea nacionales del Estado que los propone o de cualquier otro Estado miembro de la Organización. No puede formar o formar parte de la Comisión más de un nacional de un mismo Estado[7].

La Comisión Interamericana como cualquier otro órgano colegido para sesionar requiere de un quórum el cual requiere la presencia de la mayoría absoluta de sus miembros, los miembro podrán excusarse de participar en la sesión si fuesen nacionales del Estado objeto de consideración, o si previamente hubiesen participado, a cualquier título, en alguna decisión sobre los mismos hechos en que se funda el asunto o si hubiesen actuado como consejeros o representantes de alguna de las partes interesadas en la decisión. Así mismo, las decisiones que se toman pueden ser por mayoría o por unanimidad, y los votos razonados que se emitan, por cada uno de sus miembros serán presentados por escrito y se incluirán en la decisión. Las sesiones que realizará la Comisión será en dos períodos ordinarios de sesiones al año durante el lapso previamente determinado por ella y el número de sesiones extraordinarias que considere necesario, sesionaran en su sede, no obstante, pueden sesionar de manera itinerante[8].

La Comisión Interamericana de Derechos Humanos tiene las siguientes atribuciones conforme a la Convención Americana de Derechos humanos y su propio estatuto:

Convención Americana de los Derechos Humanos	**Estatuto de la Comisión Interamericana de Derechos Humanos**
Artículo 41. La Comisión tiene la función principal de promover la observancia y la defensa de los derechos humanos, y en el ejercicio de su mandato tiene las siguientes funciones y atribuciones: b) Estimular la conciencia de los derechos humanos en los pueblos de América; c) formular recomendaciones, cuando lo estime conveniente, a los gobiernos de los Estados miembros para que adopten medidas progresivas en favor de los derechos humanos dentro del marco de sus leyes internas y sus preceptos constitucionales, al igual que disposiciones apropiadas para fomentar el debido respeto a esos derechos; d) preparar los estudios e informes que considere convenientes para el desempeño de sus funciones; e) solicitar de los gobiernos de los Estados miembros que le proporcionen informes sobre las medidas que adopten en materia de derechos humanos; f) atender las consultas que, por medio de la Secretaría General de la Organización de los Estados Americanos, le formulen los Estados miembros en cuestiones relacionadas con los derechos humanos y, dentro de sus posibilidades, les prestará el asesoramiento que éstos le soliciten; g) actuar respecto de las peticiones y otras comunicaciones en ejercicio de su autoridad de conformidad con lo dispuesto en los artículos 44 al 51 de esta Convención, y h) rendir un informe anual a la Asamblea General de la Organización de los Estados Americanos.	Artículo 18. Respecto a los Estados miembros de la Organización de los Estados Americanos, la Comisión tiene las siguientes atribuciones: a. estimular la conciencia de los derechos humanos en los pueblos de América; b. formular recomendaciones a los gobiernos de los Estados para que adopten medidas progresivas en favor de los derechos humanos, dentro del marco de sus legislaciones, de sus preceptos constitucionales y de sus compromisos internacionales, y también disposiciones apropiadas para fomentar el respeto a esos derechos; c. preparar los estudios o informes que considere convenientes para el desempeño de sus funciones; d. solicitar que los gobiernos de los Estados le proporcionen informes sobre la medidas que adopten en materia de derechos humanos; e. atender las consultas que, por medio de la Secretaría General de la Organización, le formule cualquier Estado miembro sobre cuestiones relacionadas con los derechos humanos en ese Estado y, dentro de sus posibilidades, prestar el asesoramiento que le soliciten; f. rendir un informe anual a la Asamblea General de la Organización, en el cual se tenga debida cuenta del régimen jurídico aplicable a los Estados partes en la Convención Americana sobre Derechos Humanos y de los Estados que no son partes; g. practicar observaciones *in loco* en un Estado, con la anuencia o a invitación del gobierno respectivo, y h. presentar al Secretario General el programa-presupuesto de la Comisión para que éste lo someta a la Asamblea General.

Una vez hecho el presente cuadro es importante resaltar que el Estatuto resulta ser preciso, mientras la Convención tiene un carácter general, manteniéndose esta precisión dentro de los incisos a) hasta el e) de ambas normatividades. El Estatuto otorga otros tres incisos que tienen una función operativa, en el inciso f) del Estatuto se hace referencia implícita a la Declaración Americana de los Derechos y Deberes del Hombre, si bien, el informe anual se rinde conforme al régimen jurídico en el cual se aplica la Convención de los Estados que no son partes, en concreto se refiere a aquellos Estados que no han firmado la Convención y que no han aceptado la competencia contenciosa de la Corte. El inciso g) refiere a las visitas que hace la Comisión en un Estado para observar la situación de los derechos humanos. Por último el inciso h) que atiende a un aspecto operativo en materia presupuestaria para que la Comisión pueda realizar sus funciones.

Destáquese que la Comisión realiza su trabajo con base en los siguientes pilares:

- **Sistema de peticiones individuales**. A través del cual cualquier persona o grupo de personas, o entidad no gubernamental legalmente reconocida en uno o más Estados miembros de la OEA pueden presentar las peticiones con quejas o denuncias por las violaciones a los derechos humanos.

  El cual se encuentra directamente relacionado con lo establecido en los artículos 44 de la Convención Americana de Derechos Humanos, el artículo 19 a) del Estatuto de la Comisión Interamericana de Derechos Humanos, el artículo 23 del Reglamento del Comisión Interamericana de Derechos Humanos.

- **Monitoreo de la situación de los derechos humanos y los Estados miembros.** Lo cual se realiza a partir del sistema de relatoría y grupos de trabajo que establezca la Comisión Interamericana de Derechos Humanos para la preparación de sus periodos de sesiones o ejecución de programas, estudios o proyectos especiales. Estas relatorías y grupos de trabajo especiales tienes funciones temáticas, es decir, atiende a una protección temática concreta, como podría ser la libertad de expresión, contra la tortura, derechos de la niñez, por mencionar algunas. Mientras que el relator especial o grupo especial de trabajo se suelen designar por la Comisión para la atención de algún caso en específico que por su trascendencia genera graves preocupaciones, por tanto, requiere un especial estudio y atención, ya que este puede ser materia de una controversia[9]. Los titulares de las relatorías son designados por mayoría absoluta de los comisionados y pueden ser miembros de dicho órgano u otras personas seleccionadas por ella.

- **Atención a las líneas temáticas prioritarias:** Refiere a los casos urgentes y que generan graves preocupaciones ante el sistema interamericano por la trascendencia de la violación. La facilidad para identificar estos casos atiende a una violación masiva de derechos humanos, a la mirada de la comunidad internacional respecto a ese caso en específico, así como al pronunciamiento que realicen otros órganos de protección internacional como los son el Alto Comisionado de Naciones Unidas para los Derechos Humanos, el Alto Comisionado de Naciones Unidas para los Refugiados, el Comité de Derechos Humanos de Naciones Unidas, por mencionar algunos ejemplos. Es interesante destacar que otro factor a considerar para decretar la línea temática es el dictado de medidas cautelares pues estas últimas atiende a la gravedad de la situación, urgencia de la situación, daño irreparable[10].

Conforme a lo expuesto previamente se puede establecer los parámetros que se deben seguir para que la Comisión interamericana reciba las peticiones individuales, las admita a trámite y realice los procedimientos necesarios para la investigación, el dictado de medidas cautelares, las soluciones amistosas en caso de existir, y la tramitación del caso ante la Corte Interamericana de Derechos Humanos. A fin de concluir este apartado es importante

---

9 Artículo 15 del Reglamento de la Comisión Interamericana de Derechos Humanos.

10 Artículo 25 del Reglamento de la Comisión Interamericana de Derechos Humanos.

señalar que para conocer bien el procedimiento interamericano es preciso estudiar los aspectos procedimentales con base en la normativa que se ha expuesto.

II. FACULTADES DE LA COMISIÓN INTERAMERICANA DE DERECHOS HUMANOS

Desde 1965 la Comisión Interamericana tiene facultades para conocer de las violaciones a los derechos humanos cometidas por los Estados miembros de la Organización de Estados Americanos. Al ser el órgano principal y autónomo de la OEA encargado de la promoción, protección y defensa de los derechos humanos en el continente, conoce de las violaciones incurridas por los Estados respecto a las violaciones de los derechos humanos consagrados en la Declaración Americana de los Derechos y Deberes del Hombre para aquellos países que no son parte de la Convención Americana de los Derechos Humanos así como de la misma. La CIDH tiene su procedimiento marcado en los artículos 44 a 51 de la Convención Americana de Derechos Humanos.

Para iniciar el trámite ante el sistema interamericano de derechos humanos se debe recurrir en un primer momento a la CIDH tal y como se establece el artículo 44 de la CADH y el artículo 23 de su reglamento[11] al respecto se puede apreciar conforme al siguiente cuadro comparativo.

Convención Americana sobre Derechos Humanos	Reglamento de la Corte Interamericana de Derechos Humanos
Artículo 44.- Cualquier persona o grupo de personas, o entidad no gubernamental legalmente reconocida en uno o más Estados miembros de la Organización, puede presentar a la Comisión peticiones que contengan denuncias o quejas de violación de esta Convención por un Estado parte.	**Artículo 23 Presentación de peticiones.** Cualquier persona o grupo de personas, o entidad no gubernamental legalmente reconocida en uno o más Estados miembros de la OEA puede presentar a la Comisión peticiones en su propio nombre o en el de terceras personas, referentes a la presunta violación de alguno de los derechos humanos reconocidos, según el caso, en la Declaración Americana de los Derechos y Deberes del Hombre, la Convención Americana sobre Derechos Humanos "Pacto de San José de Costa Rica", el Protocolo Adicional a la Convención Americana sobre Derechos Humanos en Materia de Derechos Económicos, Sociales y Culturales "Protocolo de San Salvador", el Protocolo a la Convención Americana sobre Derechos Humanos Relativo a la Abolición de la Pena de Muerte, la Convención Interamericana para Prevenir y Sancionar la Tortura, la Convención Interamericana sobre Desaparición Forzada de Personas y la Convención Interamericana para Prevenir, Sancionar y Erradicar la Violencia contra la Mujer "Convención de Belém do Pará", conforme a sus respectivas disposiciones, el Estatuto de la Comisión y el presente Reglamento. El peticionario podrá designar en la propia petición, o en otro escrito, a un abogado u a otra persona para representarlo ante la Comisión.

Ante lo planteado anterior es válido señalar que la CIDH puede invocar la violación a los derechos humanos consagrados en la CADH así como en cualquier otro tratado de la región que consagre derechos humanos. Además las peticiones individuales presentadas deben ser hechas por escrito por cualquier persona, grupo de personas u organización no gubernamental reconocida en uno o más Estados miembros de la Organización de Estados Americanos, referentes a la presunta violación de alguno o varios de los derechos reconocidos en cualquiera de los siguientes tratados interamericanos de derechos humanos, de acuerdo con sus propias disposiciones y conforme al Estatuto y Reglamento de la Comisión.

Para este momento es importante recalcar que los Estados pueden ser declarados como responsables a los derechos humanos cuando existen actuaciones, omisiones o mediante la formulación de normas de tipo general que violentaran dichas prerrogativas. Sin embargo, es importante señalar que los Estados pueden ser igualmente responsables por aquiescencia ¿Pero qué significa aquiescencia? De manera sencilla se explica como el consentimiento tácito que realiza un Estado para producirse una vulneración a los derechos humanos, esta última abre la puerta para señalar que agentes estatales o particulares que actúen con el consentimiento del Estado puedan crear, mantener o favorecer situaciones que resulten violatorias a los derechos humanos[12], entre ello se puede destacar que principios tales como, el de no discriminación el cual es aplicable a todas las autoridades y a los particulares, por guardar una relación con otros derechos[13]. Ha de entenderse que no en toda situación los particulares pueden ser responsables de violaciones a los derechos humanos, sino únicamente en aquellas en las cuales estos actúen con consentimiento tácito o expresos por parte del Estado. Siendo así, la CIDH, solamente puede determinar una responsabilidad internacional de un Estado miembro de la OEA por violaciones o afectaciones a los derechos humanos, no así contra particulares, pues la CIDH, no es ni tiene las funciones de un fiscal internacional, pues en el derecho internacional de los derechos humanos no se fincan responsabilidades de tipo individual, la responsabilidad es hacia el Estado.

Al presentar una petición individual se debe tener en consideración un par de términos que son fundamentales dentro del sistema interamericano de derechos humanos, los cuales refieren a las ex-

---

12 Cfr. Corte IDH. Caso Integrantes y Militantes de la Unión Patriótica Vs. Colombia. Excepciones Preliminares, Fondo, Reparaciones y Costas. Sentencia de 27 de julio de 2022. Serie C No. 455., Párrafo 367 y Corte IDH. Caso Olivera Fuentes Vs. Perú. Excepciones Preliminares, Fondo, Reparaciones y Costas. Sentencia de 4 de febrero de 2023. Serie C No. 484., Párrafo 107.

13 Tesis aislada de registro 160554 [diciembre 2011] recuperado de https://sjf2.scjn.gob.mx/detalle/tesis/160554

presiones presunta víctima, víctima y representante, para ello se debe tener en consideración el reglamento de la Corte el cual señala:

> Artículo 2 Para los efectos de este Reglamento
> [...]
> 25. la expresión "presunta víctima" significa la persona de la cual se alega han sido violados los derechos protegidos en la Convención o en otro tratado del Sistema Interamericano;
> 26. el término "representantes" significa el o los representantes legales debidamente acreditados de la o las presuntas víctimas;
> [...]
> 33. el término "víctima" significa la persona cuyos derechos han sido violados de acuerdo con sentencia proferida por la Corte.

Los términos presunta víctima y víctima refieren a momentos procesales distintos, el primero involucra todo el procedimiento seguido ante la Comisión y la Corte hasta antes del dictado de sentencia, mientras el segundo refiere al momento en que se ha dictado la sentencia y el asunto se ha declarado cosa juzgada. Quizá para este momento tengas algunas dudas sobre el sistema interamericano de derechos humanos, por lo cual se enuncian a continuación con sus respectivas respuestas:

> ¿Las víctimas de violaciones a los derechos humanos son **exclusivamente personas físicas?**
>
> **R=** Sí
>
> ¿Los familiares de las víctimas pueden ser declarados como víctimas?
>
> **R=** Sí, la Corte por jurisprudencia reiterada ha señalado que los familiares pueden ser considerados como víctimas de violaciones a los derechos humanos, toda vez que existe una violación al derecho de la integridad psíquica y moral de los familiares directos (los cuales serían parientes consanguíneos o por afinidad) u otras personas con vínculos estrechos con las víctimas con motivo del sufrimiento adicional que aquellos han padecido (uniones libres o cualquier otro tipo de familia que se conciba)[14] como producto de las circunstancias particulares

---

[14] Cfr. Corte IDH. Caso Leguizamón Zaván y otros Vs. Paraguay. Fondo, Reparaciones y Costas. Sentencia de 15 de noviembre de 2022. Serie C No. 473., Párrafo 87.

de las violaciones perpetradas contra sus seres queridos, y a causa de las posteriores actuaciones u omisiones de las autoridades estatales frente a estos hechos, entre las cuales de manera enunciativa más no limitativa son; la omisión de investigar el delito, negación de la verdad histórica, la revictimización por parte de la autoridad, amenazas o coacciones recibidas por la autoridad, dilaciones indebidas u obstrucciones en las investigaciones e impartición de justicia, así como todas aquellas realizadas para obtener justicia y la existencia de un estrecho vínculo familiar[15].

¿Puede presentarse desde un primer momento la petición ante la CIDH para solicitar a los familiares con el carácter también de víctimas?

R= Sí, puede usted hacerlo desde el primer momento como fue el caso Digna Ochoa y familiares Vs. México[16].

¿Puede existir múltiples victimas por un mismo asunto?

R= Sí, puede haber situaciones en las cuales se violen los derechos de una colectividad ejemplos en el sistema interamericano hay muchos, por ejemplo; Masacre de Mapiripán en Colombia, Masacre de la Aldea Los Josefinos en Guatemala, Comunidad Indígena Sawhoyamaxa en Paraguay, Profesores de Chañaral y otras municipalidades en Chile, el caso de los normalistas de Ayotzinapan[17]. Téngase en consideración tam-

---

15 Cfr. Caso Bedoya Lima y otra Vs. Colombia. Fondo, Reparaciones y Costas. Sentencia de 26 de agosto de 2021. Serie C No. 431, Párrafo 158, Corte IDH. Caso Olivera Fuentes Vs. Perú. Excepciones Preliminares, Fondo, Reparaciones y Costas. Sentencia de 4 de febrero de 2023. Serie C No. 484., Párrafo 123, Corte IDH. Caso Deras García y otros Vs. Honduras. Fondo, Reparaciones y Costas. Sentencia de 25 de agosto de 2022. Serie C No. 462., Párrafo 113.

16 Cfr.Corte IDH. Caso Digna Ochoa y familiares Vs. México. Excepciones Preliminares, Fondo, Reparaciones y Costas. Sentencia de 25 de noviembre de 2021. Serie C No. 447.

17 Cfr. Corte IDH. Caso de la "Masacre de Mapiripán" Vs. Colombia. Sentencia de 15 de septiembre de 2005. Serie C No. 134. Corte IDH. Caso Masacre de la Aldea Los Josefinos Vs. Guatemala. Interpretación de la Sentencia de Excepción Preliminar, Fondo, Reparaciones y Costas. Sentencia de 27 de julio de 2022. Serie C No. 458. Corte IDH. Caso Comunidad Indígena Sawhoyamaxa Vs. Pa-

bién aquellos casos en donde se señala el nombre de alguna víctima y en seguida la palabra "otros" como sería el caso "Tzompaxtle Tecpile y otros Vs. México[18]" por mencionar un ejemplo. En estas situaciones se atiende a la primera petición que se recibió o bien al orden en el cual fueron nombradas las victimas dentro de un mismo escrito de petición, resultando así sus acumulados.

¿Pueden surgir nuevas víctimas dentro de un mismo asunto?

R= Sí, hay situaciones excepcionales que derivan de casos muy complejos como son aquellos donde se produjeron violaciones masivas o colectivas y en los cuales a la CIDH no le fue posible identificar a alguna o algunas personas consideradas presuntas víctimas, la Corte decidirá el momento oportuno para pronunciarse y considerar a estas personas como víctimas[19], ello sin que pueda mediar alguna excepción preliminar o alegato realizado por el agente del Estado en razón de la competencia persona que ejerce tanto la Comisión como la Corte dentro del sistema interamericano para desacreditar esta situación o bien alegando el planteamiento de un hecho novedoso. Sin embargo, si por alguna razón el peticionario o el representante de la o las presuntas víctimas en el escrito inicial no hizo de conocimiento el nombre de aquella(s), y no se configura la hipótesis de ser un caso de violaciones masivas o colectivas, no podrá aceptarse durante el procedimiento su inclusión, ya que este tipo de trámites se rigen bajo el principio de instancia de parte agraviada.

---

raguay. Fondo, Reparaciones y Costas. Sentencia de 29 de marzo de 2006. Serie C No. 146 Corte IDH. Caso Profesores de Chañaral y otras municipalidades Vs. Chile. Interpretación de la Sentencia de Excepción Preliminar, Fondo, Reparaciones y Costas. Sentencia de 27 de julio de 2022. Serie C No. 460.

18 Cfr. Corte IDH. Caso Tzompaxtle Tecpile y otros Vs. México. Excepción Preliminar, Fondo, Reparaciones y Costas. Sentencia de 7 de noviembre de 2022. Serie C No. 470.

19 Reglamento de la Corte Interamericana de Derechos Humanos aprobado por la Corte en su LXXXV Período Ordinario de Sesiones celebrado del 16 al 28 de noviembre de 2009, artículo 35.2.

¿Puede una persona moral ser víctima de violación a sus derechos humanos?

R= No, las personas morales o jurídicas no son susceptibles de tener titularidad de derechos humanos, por lo que no pueden ser consideradas como presuntas víctimas en el marco de los procesos contenciosos ante el sistema interamericano. Sin embargo, la Corte ha señalado que las comunidades indígenas y tribales son titulares de derechos protegidos por el sistema interamericano y pueden presentarse ante este en defensa de sus derechos y los de sus miembros, por encontrarse en una situación particular[20]. También es posible señalar que existen ciertos derechos como son el artículo 8.1 de la CADH el cual abarca las garantías judiciales que puede ser ejercitado por agrupaciones sindicales, ya que estas constituyen personas jurídicas distintas a sus asociados con capacidad diferente a las de ellos para contraer obligaciones, y adquirir y ejercer derechos, tales como, al libre funcionamiento, y por tratarse de sujetos de derechos autónomos cuya finalidad es permitirles ser interlocutores de sus asociados, facilitando a través de esta función una protección más extensa y el goce efectivo del derecho de los trabajadores, pueden ser titulares de los derechos establecidos en el 8.1 a la CADH, lo cual les permite presentarse ante el sistema interamericano de defensa de los derechos humanos[21]. También resulta valido que las personas naturales ejerzan a través de las personas jurídicas ciertos derechos la Corte sostuvo que bajo determinados supuestos el individuo que ejerza sus derechos a través de personas jurídicas pueda acudir al Sistema para hacer valer sus derechos fundamentales, aun cuando los mismos estén cubiertos por una figura o ficción jurídica. Resaltó que cada derecho implica un análisis distinto en cuanto a su

---

20 Cfr. Corte IDH. Titularidad de derechos de las personas jurídicas en el Sistema Interamericano de Derechos Humanos (Interpretación y alcance del artículo 1.2, en relación con los artículos 1.1, 8, 11.2, 13, 16, 21, 24, 25, 29, 30, 44, 46, y 62.3 de la Convención Americana sobre Derechos Humanos, así como del artículo 8.1 A y B del Protocolo de San Salvador). Opinión Consultiva OC-22/16 de 26 de febrero de 2016. Serie A No. 22.

21 Ibídem.

contenido y forma de realización. La Corte concluyó que no es viable establecer una fórmula única que sirva para reconocer la existencia del ejercicio de derechos de personas naturales a través de su participación en una persona jurídica. Por ello, determinará la manera de probar el vínculo cuando analice la alegada violación de uno de los derechos presuntamente vulnerados en un caso contencioso concreto[22].

¿Cuál es la función del representa de la víctima, si la CIDH es quien tramita el caso ante la Corte?

R= El representante vela por los intereses de la presunta víctima y puede ofrecer observaciones adicionales ya sea de manera escrita o el día de la audiencia frente a la Corte[23], el propósito principal es establecer una profundidad en los argumentos dados por la CIDH y/o alegar otras violaciones a los derechos humanos que la CIDH no hubiera contemplado al momento de presentar la denuncia ante la Corte, toda vez que los derechos que indica la CIDH en su informe de admisibilidad son el resultado de una evaluación preliminar que se encuentra en curso, por lo que en etapas posteriores del proceso pueden incluirse otros derechos o artículos que presuntamente se consideren violentados, respetando la fase de defensa del Estado en marco de la base fáctica del caso en análisis[24]. Reconózcase que la labor del representante de la presunta víctima es para que la última tenga un rol activo dentro del procedimiento interamericano, así como para velar por sus intereses, además, conforme avance la evolución y conocimiento del sistema interamericano se pretende que la CIDH desaparezca tal y como

22 Cfr. Corte IDH. Caso Granier y otros (Radio Caracas Televisión) Vs. Venezuela. Excepciones Preliminares, Fondo, Reparaciones y Costas. Sentencia de 22 de junio de 2015. Serie C No. 293, Párrafo 148 y Corte IDH. Caso Cantos Vs. Argentina. Excepciones Preliminares. Sentencia de 7 de septiembre de 2001. Serie C No. 85, Párrafo 29.

23 Artículo 30.5 Reglamento de la CIDH.

24 Cfr. Corte IDH. Caso Furlan y familiares vs Argentina. Excepciones Preliminares, Fondo, Reparaciones y Costas. Sentencia de 31 de agosto de 2012. Serie C. No. 246 párr. 52.

sucedió con su homólogo europeo, mientras tanto, realiza funciones complementarias dentro del proceso interamericano.

III. COMPETENCIA DE LA COMISIÓN INTERAMERICANA DE DERECHOS HUMANOS

La CIDH tiene su competencia para conocer conforme a las siguientes razones:

Competencia ratione personae/razón de las personas. La CIDH puede conocer de la violación a los derechos humanos de cualquier persona física, y para que la petición sea admisible es necesario que deban existir victimas concretas, individualizadas y determinadas, o bien, grupos de víctimas específicos y definidos compuestos por individuos determinables[25]. Importante destacar que en este punto la CIDH se guía conforme a los lineamientos del artículo 44 de la CADH mismo que establece a la letra

> Artículo 44. Cualquier persona o grupo de personas, o entidad no gubernamental legalmente reconocida en uno o más Estados miembros de la Organización, puede presentar a la Comisión peticiones que contengan denuncias o quejas de violación de esta Convención por un Estado parte.

Si bien puede haber circunstancias donde no se identificar a cada víctima por su nombre. La CIDH ha reconocido que puede haber ciertas violaciones de derechos humanos, que por las circunstancias podrían afectar a una persona en particular o a un grupo de personas que puedan identificarse de acuerdo a los criterios específicos[26]. Así mismo, existe una flexibilidad en la identificación de las víctimas desde la admisión hasta la etapa de fondo, pues el artículo de la CADH no señala limitaciones en cuanto a la competencia en términos de identificación total y plena de las personas afectadas por la violación,

---

25 Convención Americana de derechos humanos, artículos 1.2 y 44 reglamento de la CIDH artículo 23.

26 CIDH. Informe No. 64/15 Petición 633-04. Admisibilidad. Pueblos Mayas y miembros de las comunidades de Cristo Rey, Belluet Tree, San Ignacio, Santa Elena y Santa familia. Belice. 27 de octubre de 2015, párr. 27.

permite identificar las violaciones a los derechos humanos que por sus características pueden afectar a una persona o grupo de personas determinadas pero no necesariamente identificables. Para el sistema interamericano la calidad de víctima se puede determinar según las disposiciones de la CADH y del reglamento de la CIDH durante la etapa de fondo y no ante instancias internas de los Estados[27].

Competencia ratione loci/razón del lugar. La CIDH puede conocer de aquellos casos en los cuales los Estados hubiesen firmado y ratificado la CADH, así como tras haber aceptado la competencia contenciosa de la CIDH y la Corte IDH, lo cual garantiza el respeto a los derechos y libertades reconocidos en el tratado internacional[28]. Esta competencia se encuentra establecida en el artículo 1.1 de la CADH en el cual se establece el compromiso entre los Estados para respetar los derechos y libertades reconocidos en el tratado. Esta competencia permite que exista un conocimiento respecto de un Estado por hechos ocurridos en el territorio de otro Estado del cual las presuntas víctimas han estado sometidas a la autoridad y control de sus agentes, como ejemplo puede mencionarse las situaciones que involucran migrantes.

Competencia ratione temporis/razón del tiempo. Este tipo de competencia tiene que ver con la aplicabilidad de la CADH, la Declaración Americana y demás instrumentos interamericanos, respecto de hechos que ocurrieron durante la vigencia del tratado para el Estado en cuestión o aquellos que iniciaron con anterioridad la entrada en vigor y ejecución continua de la misma. Importa destacar en este punto que existen situaciones especiales como son las desapariciones forzadas de personas las cuales son consideradas violaciones continuas de los derechos humanos y hasta que no aparezca la persona desparecida la violación continúa actualizándose, lo anterior reviste de trascendencia estos órganos, pues forman parte de la justicia transicional y el derecho a la verdad histórica.

---

27 CIDH. Informe No. 12/18 Petición 178-10. Admisibilidad. 48 trabajadores fallecidos en la explosión de la mina pasta de Conchos. México 24 de febrero de 2018, párr. 28.

28 Convención Americana de derechos humanos, artículos 1.1.

Competencia ratione materia/razón de la materia. En la cual la CIDH es competente para conocer de los asuntos relacionados con el cumplimiento de los compromisos internacionales contraídos por los Estados partes de la CADH[29]. Tal y como lo establece el artículo 33 de la Convención Americana de Derechos Humanos, en el cumplimiento de los compromisos contraídos por los Estados partes de la CADH, así como, de los tratados internacionales que formen parte del sistema interamericano, enunciando pero no limitando a la Declaración Americana de Derechos Humanos, el Protocolo de San Salvador, la Convención de Belén Do Pará, la Convención Interamericana sobre Desaparición Forzada de Personas, la Convención Interamericana para Prevenir y Sancionar la Tortura.

IV. PROCEDIMIENTO ANTE LA COMISIÓN INTERAMERICANA DE DERECHOS HUMANOS

El procedimiento contencioso ante la CIDH se divide en cuatro etapas, las cuales son: 1) revisión inicial (durante esta etapa, la CIDH se analiza si la petición reúne los requisitos mínimos para ser admitida, conforme a los requisitos establecidos en los artículos 26 y 29 del reglamento de la CIDH) 2) etapa de admisibilidad,(en la cual se ha tomado la decisión de admitir la petición se espera que cumpla con los requisitos del artículo 28, 29, 30, 31, 32, 33, 34 del reglamento de la CIDH), 3) etapa de fondo (se toma en consideración lo señalado en los artículos 36.2, 37.1, 43 y 44 del reglamento del CIDH), 4) sometimiento del caso a la Corte IDH (etapa se da conforme al artículo 45 del reglamento de la CIDH).

La CIDH como cualquier otro órgano jurisdiccional puede **admitir** y **admitir a trámite** una petición. Es importante hablar sobre de este punto ya estos dos tipos de admisión son procesalmente distintos, cualquier petición o escrito presentado ante la CIDH puede ser admitidos, sin embargo, esto no significa que se deba realizar un estudio del mismo. La admisión a trámite significa que la petición

---

[29] Convención Americana de los derechos humanos artículo 33, estatuto de la CDIH artículo 1.2 y artículo 23 del reglamento de la CIDH

será estudiada al haber cumplido los requisitos de fondo y forma. Los requisitos de forma son aquellos que establecen los artículos 44, 46.1 inciso b) primera porción normativa y d) de la CADH, y 23, 28 en sus apartados 1, 2, 3, 4, 5, 6, 7 del reglamento de la CIDH.

Convención Americana de Derechos humanos	Reglamento de la Comisión Interamericana de Derechos Humanos
Artículo 44. Cualquier persona o grupo de personas, o entidad no gubernamental legalmente reconocida en uno o más Estados miembros de la Organización, puede presentar a la Comisión peticiones que contengan denuncias o quejas de violación de esta Convención por un Estado parte. **Artículo 46.** Para que una petición o comunicación presentada conforme a los artículos 44 ó 45 sea admitida por la Comisión, se requerirá: [...] **b) que sea presentada dentro del plazo de seis meses, a partir de la fecha en que el presunto lesionado en sus derechos** haya sido notificado de la decisión definitiva; [...] d) que en el caso del artículo 44 la petición contenga el nombre, la nacionalidad, la profesión, el domicilio y la firma de la persona o personas o del representante legal de la entidad que somete la petición.	**Artículo 28. Requisitos para la consideración de peticiones** Las peticiones dirigidas a la Comisión deberán contener la siguiente información: 1. El nombre de la persona o personas denunciantes o, en el caso de que el peticionario sea una entidad no gubernamental, su representante o representantes legales y el Estado miembro en el que esté legalmente reconocida; 2. Si el peticionario desea que su identidad sea mantenida en reserva frente al Estado, y las razones respectivas; 3. La dirección de correo electrónico para recibir correspondencia de la Comisión y, en su caso, número de teléfono, facsímil y dirección postal; 4. Una relación del hecho o situación denunciada, con especificación del lugar y fecha de las violaciones alegadas; 5. De ser posible, el nombre de la víctima, así como de cualquier autoridad pública que haya tomado conocimiento del hecho o situación denunciada; 6. La indicación del Estado que el peticionario considera responsable, por acción o por omisión, de la violación de alguno de los derechos humanos consagrados en la Convención Americana sobre Derechos Humanos y otros instrumentos aplicables, aunque no se haga una referencia específica al/os artículo(s) presuntamente violado(s); 7. El cumplimiento con el plazo previsto en el artículo 32 del presente Reglamento;(plazo de 6 meses) [...]

Como se ha podido observar se trata de una serie de requisitos muy puntales y sencillos que cualquier persona puede señalarlos. Sin embargo, en el artículo 46.1 fracciones a), b) segunda porción normativa, y c), así como, en los apartados 8 y 9 del artículo 28 del reglamento de la CIDH establecen cuestiones que requieren de un conocimiento procesal tanto del fuero interno como del sistema interamericano, por ello atrevería a señalar que si bien son requisitos de forma poseen un cierto matiz de fondo entre estos requisitos se destacan:

Convención Americana de Derechos humanos	Reglamento de la Comisión Interamericana de Derechos Humanos
Artículo 46.1 [...] que se hayan interpuesto y agotado los recursos de jurisdicción interna, conforme a los principios del Derecho Internacional generalmente reconocidos. que sea presentada dentro del plazo de seis meses, a partir de la fecha en que **el presunto lesionado en sus derechos haya sido notificado de la decisión definitiva;** que la materia de la petición o comunicación no esté pendiente de otro procedimiento de arreglo internacional, y	Artículo 28 [...] 8. Las gestiones emprendidas para agotar los recursos de la jurisdicción interna o la imposibilidad de hacerlo conforme al artículo 31 del presente Reglamento; y 9. La indicación de si la denuncia ha sido sometida a otro procedimiento de arreglo internacional conforme al artículo 33 del presente Reglamento.

Los señalamientos realizados anteriormente son importantes ya que, requieren de una comprensión técnica a fin de conocer cuáles son los medios de defensa ordinarios y extraordinarios que se poseen dentro del ámbito interno, así como, si la petición es materia de otro procedimiento internacional contenciosos o no contenciosos como aquellos que posee de manera enunciativa la ONU.

Por su parte los requisitos de fondo requieren un estudio preliminar del procedimiento interno dentro de los Estados, siendo así el artículo 46.1 fracción a) b) segunda porción normativa, c), 46.2 incisos a) b) c) y 47 de la CADH, al igual que los artículos 31, 32 y 33 del reglamento interno de la CIDH, tal y como a continuación se expondrá:

Convención Americana de Derechos humanos	Reglamento de la Comisión Interamericana de Derechos Humanos
ARTÍCULO 46 1. Para que una petición o comunicación presentada conforme a los artículos 44 ó 45 sea admitida por la Comisión, se requerirá: que se hayan interpuesto y agotado los recursos de jurisdicción interna, conforme a los principios del Derecho Internacional generalmente reconocidos. que sea presentada dentro del plazo de seis meses, a partir de la fecha en que **el presunto lesionado en sus derechos haya sido notificado de la decisión definitiva;** que la materia de la petición o comunicación no esté pendiente de otro procedimiento de arreglo internacional, y [...] 2. Las disposiciones de los incisos 1.a. y 1.b. del presente artículo no se aplicarán cuando: no exista en la legislación interna del Estado de que se trata el debido proceso legal para la protección del derecho o derechos que se alega han sido violados; no se haya permitido al presunto lesionado en sus derechos el acceso a los recursos de la jurisdicción interna, o haya sido impedido de agotarlos, y haya retardo injustificado en la decisión sobre los mencionados recursos. **ARTÍCULO 47** La Comisión declarará inadmisible toda petición o comunicación presentada de acuerdo con los artículos 44 ó 45 cuando: falte alguno de los requisitos indicados en el artículo 46; no exponga hechos que caractericen una violación de los derechos garantizados por esta Convención; resulte de la exposición del propio peticionario o del Estado manifiestamente infundada la petición o comunicación o sea evidente su total improcedencia, y sea sustancialmente la reproducción de petición o comunicación anterior ya examinada por la Comisión u otro organismo internacional.	**Artículo 31. Agotamiento de los recursos internos** 1. Con el fin de decidir sobre la admisibilidad del asunto la Comisión verificará si se han interpuesto y agotado los recursos de la jurisdicción interna, conforme a los principios del derecho internacional generalmente reconocidos. 2. Las disposiciones del párrafo precedente no se aplicarán cuando: a. no exista en la legislación interna del Estado en cuestión el debido proceso legal para la protección del derecho o derechos que se alegan han sido violados; b. no se haya permitido al presunto lesionado en sus derechos el acceso a los recursos de la jurisdicción interna, o haya sido impedido de agotarlos; o c. haya retardo injustificado en la decisión sobre los mencionados recursos. 3. Cuando el peticionario alegue la imposibilidad de comprobar el cumplimiento del requisito señalado en este artículo, corresponderá al Estado en cuestión demostrar que los recursos internos no han sido agotados, a menos que ello se deduzca claramente del expediente. **Artículo 32. Plazo para la presentación de peticiones** 1. La Comisión considerará las peticiones presentadas dentro de los seis meses contados a partir de la fecha en que la presunta víctima haya sido notificada de la decisión que agota los recursos internos. 2. En los casos en los cuales resulten aplicables las excepciones al requisito del previo agotamiento de los recursos internos, la petición deberá presentarse dentro de un plazo razonable, a criterio de la Comisión. A tal efecto, la Comisión considerará la fecha en que haya ocurrido la presunta violación de los derechos y las circunstancias de cada caso.

Convención Americana de Derechos humanos	Reglamento de la Comisión Interamericana de Derechos Humanos
	Artículo 33. Duplicación de procedimientos 1. La Comisión no considerará una petición si la materia contenida en ella: a. se encuentra pendiente de otro procedimiento de arreglo ante un organismo internacional gubernamental de que sea parte el Estado en cuestión; o b. reproduce sustancialmente otra petición pendiente o ya examinada y resuelta por la Comisión u otro organismo internacional gubernamental del que sea parte el Estado en cuestión. 2. Sin embargo, la Comisión no se inhibirá de considerar las peticiones a las que se refiere el párrafo 1 cuando: a. el procedimiento seguido ante el otro organismo se limite a un examen general sobre derechos humanos en el Estado en cuestión y no haya decisión sobre los hechos específicos que son objeto de la petición ante la Comisión o no conduzca a su arreglo efectivo; o b. el peticionario ante la Comisión sea la víctima de la presunta violación o su familiar y el peticionario ante el otro organismo sea una tercera persona o una entidad no gubernamental, sin mandato de los primeros.

En los artículos previamente citados es posible establecer que existen tres puntos en los cuales se debe prestar especial atención para poder tramitar el caso ante la CIDH o bien establecer una defensa adecuada como agente del Estado, los cuales son:

- Litispendencia
- Asunto hubiera causado estado dentro del derecho interno.
- El agotamiento de los recursos internos

El orden elegido para abordar cada punto atiende a un grado de complejidad jurídica relacionada directamente con el sistema interamericano de derechos humanos, el sistema universal de derechos humanos y el sistema jurídico del derecho interno.

La litispendencia marcada en el artículo 47 d) de la CADH y el 33.1 b) del Reglamento de la CIDH atiende a que el asunto planteado ante el sistema interamericano no se encuentre en otro tipo de sistema de protección a fin de que no existan decisiones contrarias[30]. La litispendencia busca evitar que las partes vuelvan a interponer una demanda por la misma causa y con las mismas pretensiones ante otro órgano, téngase presente que para que se configure la litispendencia deben coincidir los sujetos del litigio, el objeto y la causa[31].

Tenga especial cuidado si su asunto se encuentra siendo revisado por alguno de los órganos de Naciones Unidas especializado en la protección de los derechos humanos, ya que, puede encontrarse ante un procedimiento como el 1503, de ser afirmativo, la petición ante el sistema interamericano difícilmente procederá si se reclaman las mismas violaciones en razón de las mismas personas, las circunstancias de modo, tiempo y lugar, al igual que el agotamiento de recursos internos para poder acceder al sistema universal y los derechos humanos violentados, estos últimos con independencia de que se consagren en tratados distintos a la Convención. No obstante, si se trata de procedimientos especiales, la situación se torna distinta, si bien en estos procedimientos los componen los relatores o expertos independientes. Los procedimientos pueden ser por país y por mandato temático. Los primeros examinan, supervisan, asesoran e informan públicamente acerca de las situaciones de derechos humanos que se vive en un región o territorio específico. Mientras que los mandatos temáticos se encargan del monitoreo sobre diversas violaciones de derechos humanos en todo el mundo, de esta manera, las acciones se basa en:

- **Analizar** a nombre de la comunidad internacional la situación del país o tema que se trate, para lo cual presentan periódica-

---

30 Carocca Pérez, Alex (2003) Manual de Derecho Procesal, Tomo II, Santiago, LexisNexis.

31 Romero Seguel, Alejandro (2015), Curso de derecho procesal civil. Los presupuestos procesales relativos al procedimiento, Tomo III, Santiago, Thomson Reuters.

mente informes temáticos ante el Consejo de Derechos Humanos y la Asamblea General de la ONU.

- **Alertar** a los organismos de Naciones Unidas y a la comunidad internacional sobre la necesidad de resolver situaciones y cuestiones específicas. En consecuencia, contribuyen a poner en marcha sistemas de "alerta temprana" y/o a promover la adopción de medidas preventivas.
- **Visitar los países** para analizar la situación de los derechos humanos que son objeto de su mandato e informar al Consejo de Derechos Humanos sobre los resultados de su visita. Algunos países, como México, han emitido "invitaciones permanentes" lo que significa que, en principio, están dispuestos a aceptar automáticamente las solicitudes de cualquiera de los titulares de mandatos temáticos para visitar el país. Después de realizar las visitas presentan un informe de misión en el que exponen sus conclusiones y recomendaciones ante el Consejo de Derechos Humanos con el fin de fortalecer la defensa de los derechos humanos
- **Recibir comunicaciones sobre presuntas violaciones de los derechos humanos** y solicitar información a los Estados involucrados a través de llamamientos urgentes y/o cartas de denuncia, de acuerdo con su propio mandato[32].

Tal y como se puede observar las acciones que se realizan distan de tener relación con funciones contenciosas, y pueden realizarse estos Procedimientos Especiales con independencia que existan recursos internos dentro del Estado. Estos Procedimientos Especiales se basan en actuaciones rápidas y se realizan para proteger a las personas que sean o puedan ser víctimas, no impide que se adopten las medidas apropiadas a nivel nacional[33]. Sobre todo lo que se busca

---

32 Ver Resolución 2000/86 de la Comisión de Derechos Humanos de las Naciones Unidas y la Resolución 5/2 del Consejo de Derechos Humanos, 9ª sesión, 15 de junio de 2007 relativa a los "Código de Conducta para los titulares de mandatos de los procedimientos especiales del Consejo de Derechos Humanos".

33 Bascur María Luisa, García Campos Alán y Gorjón Gabriela, (2016) Violaciones a derechos humanos en México: ¿Cómo presentar una queja ante la ONU? Organización de las Naciones Unidas, p. 14.

en estos Procedimientos especiales se pueden recibir y emitir llamamientos urgentes. Éstos se utilizan para comunicar información sobre una violación que supuestamente se está cometiendo o se va a cometer. El propósito fundamental es velar porque los gobiernos de los Estados sean informados a la brevedad posible con la finalidad de que intervengan para poner fin o impidan una presunta violación a derechos humanos, a fin de que la violación cese y no cause o sigan causando daños que resulten irreparables, un ejemplo de este tipo de Procedimientos Especiales fue el caso Ayotzinapan. Una de las ventajas de estos procedimientos es que no requiere que el Estado hubiese señalado o ratificado los instrumentos de derechos humanos por lo que en algunas ocasiones los Procedimientos Especiales son el único mecanismo viable para alertar a la comunidad internacional sobre determinados problemas relativos al goce o ejercicio de los derechos humanos.

Los Procedimientos Especiales cualquier persona puede remitir información sobre algún caso o situación que considere que afecta el goce o ejercicio de un derecho, ya sea contra una colectividad, comunidades en específico, normas o proyectos de leyes e incluso sobre la situación en general de un país o región. A diferencia de lo que pasa con los Órganos de Tratados, no es necesario demostrar que se ha acudido a las vías judiciales o administrativas de protección dentro del mismo Estado y dichos procedimientos son públicos al momento en que se realice el informe.

De esta manera los Procedimientos Especiales que contempla Naciones Unidas resultan compatibles con lo observado en el artículo 33.2 fracciones a) y b) del Reglamento de la CIDH.

Sugerencia: Si Usted como abogado o representante de la presunta víctima de violación a los derechos humanos, debe elegir alguno de los dos sistemas de protección de derechos humanos, es decir, el Universal o el Interamericano, primeramente elija cuidadosamente para no genera una situación de litispendencia que se contraproducente para su representado. Tenga en consideración que el tiempo de respuesta varía dependiendo a la complejidad del asunto y la gravedad de la posible violación. Es importante destacar que si Usted pretende llevar el asunto ante el sistema interamericano, pero, desea realizar presión hacia el Estado puede acudir ya sea de manera directa o indirectamente ante Naciones Unidas para solicitar la realización de algún Procedimiento Especial, sin la necesidad de configurarse la litispendencia. Sin embargo, por regla general, la información que se envía a los procedimientos especiales se hará pública al momento en que realizan su informe, así que valore pues puede Usted indirectamente dando armas al Estado para que refuerce su estrategia legal, así mismo, si el asunto recibe mucha publicidad puede poner en mayor peligro a las víctimas.

Sugerencia: Si Usted es agente del Estado tenga en consideración que si la presunta víctima acude al sistema de peticiones del sistema interamericano y el mismo caso es iniciado con un Procedimiento Especial ante Naciones Unidas, enfóquese en cooperar de la manera más eficiente con los grupos de trabajo de la ONU, adopte las disposiciones jurídicas con la mayor celeridad posible, a fin de obtener el cambio de situación jurídica, o bien para demostrar que existe un compromiso por transformar el sistema y evitar la continuación de las violaciones a los derechos humanos y que la sentencia condenatoria de la Corte le obligue a modificar su sistema jurídico.

Si el **asunto hubiera causado estado dentro del derecho interno** es muy importante tomar en consideración dos puntos:

- **El tiempo en que causó estado.**
- **La cosa juzgada y el principio de definitividad en sus acepciones vertical y horizontal.**

En el primer punto se debe analizar el momento en que se realizó la petición, a fin de corroborar si se encuentra esta última dentro del plazo de los seis meses mencionados como lo señala el artículo 46.1 b) de la CAH.

En el segundo punto se debe ser muy cuidadoso pues si el asunto causó estado implica que la sentencia quedó firme y se tendría que analizar lo siguiente: 1) el tipo de recurso interno que posee el Estado en su legislación interna, 2) la efectividad de estos recursos cuyo objetivo final debe ser el modificar substancialmente la sentencia, por lo cual no basta únicamente su consagración en la legislación interna, sino su efectividad[34]. Así mismo, es importante tener en consideración que un proceso debe tender a la materialización de la protección del derecho reconocido en el pronunciamiento judicial mediante la aplicación idónea de dicho pronunciamiento, por tanto, la efectividad de las sentencias depende de su ejecución[35]. Para ello es importante tener en consideración lo que implica el principio de definitividad dentro de sus acepciones vertical y horizontal. El principio de definitividad vertical implica la obligación de agotar el recurso ordinario que prevea le ley y después como en el caso de México acudir a tu medio de control constitucional como es el "juicio de amparo", en palabras simples, recibes sentencia, acudes a la apelación, y con posterioridad vas al juicio de amparo. Sin embargo, el principio de definitividad en materia horizontal tiene una acepción diferente para ello es importante saber que toda contienda judicial posee diversas etapas, pues existen actos, **antes de juicio, durante el juicio y posteriores a juicio,** dentro de todo este procedimiento dependiendo el tipo de acto que realice la autoridad se pueden presentar los recursos ordinarios que prevé la ley y con posterioridad se pude acudir al medio de protección constitucional "el juicio de amparo", toda vez que se trata de actos que por su propia naturaleza pueden resultar irreparables[36], pensemos en aquellos casos que tienen que ver con la vinculación a procesos penales en etapas de investigación preliminar o en los casos de embargo de bienes, donde se puede controvertir el acuerdo de ejecución, a pesar de existir una sentencia que lo decrete. Véase para mejor comprensión el siguiente diagrama.

<table>
<tr><th colspan="3">Principio de definitividad vertical</th></tr>
<tr><td colspan="3">Recurso extraordinario/medio de control constitucional "juicio de amparo directo" el cual vela por tus derechos consagrados en la Constitución y en los Tratados Internacionales de Derechos Humanos, el cual resuelve el Poder Judicial de la Federación.

Recurso interno que confirma, modifica o revoca la sentencia (apelación) el cual es resuelto por un Magistrado local.

Sentencia de Juicio/sentencia de juez de primera instancia.</td></tr>
<tr><th colspan="3">Principio de definitividad horizontal</th></tr>
<tr><td>Actos antes de juicio (Las etapas de investigación, los medios preparatorios a juicio, o procedimientos de tipo administrativo por autoridades diferentes a las judiciales)</td><td>Actos durante el juicio (Es importante que recuerdes que el juicio comienza con la presentación de la demanda y concluye con el dictado de la sentencia)</td><td>Actos posteriores a juicio (Aquellos que tienen que ver con la ejecución de la sentencia)</td></tr>
<tr><td>ETAPA PREVIA A JUICIO</td><td>ETAPA DE JUICIO</td><td>ETAPA POSTERIOR A JUICIO</td></tr>
<tr><td colspan="3">Es importante señalar que cada una de estas etapas posee un inicio y un cierre, y, dentro de cada una se pueden realizarse distintos tipos de actos u omisiones que pueden causar un daño que puede ser reparable o irreparable dependiendo el tipo de procedimiento que se esté llevando. Cada una de estas etapas posee acuerdos de apertura y clausura, ante cada una de estas decisiones procede algún tipo de recurso ordinario, el cual está previsto en la legislación de la materia correspondiente, (téngase presente que si el recurso se encuentra establecido en una disposición interna o especial distinta a un ley, como es el caso de los reglamentos, normas oficiales, misceláneas o demás disposiciones complementarias, que no han pasado por un proceso legislativo Usted no está obligado a agotar dicho recurso, pues este no es válido[37]) en cada una de estas etapas las legislaciones correspondientes pueden establecer recursos ordinarios previstos en las leyes de la materia, y en caso de no preverlos se puede acudir al medio de control constitucional "juicio de amparo", si el acto resulta trascendente a la esfera jurídica del gobernado.</td></tr>
</table>

37 Cfr. Corte IDH Caso Loayza Tamayo vs Perú, excepciones preliminares, sentencia de 31 de enero de 1996 párr. 37 Comisión Europea de Derechos Humanos caso Lawless vs Ireland 19 de diciembre de 1959.

De esta manera la Corte Interamericana de Derechos Humanos en su jurisprudencia del caso Caso Amrhein y otros Vs. Costa Rica ha expuesto:

> 256. La Corte ha considerado el derecho a recurrir el fallo como una de las garantías mínimas que tiene toda persona que es sometida a una investigación y proceso penal[354]. En razón de lo anterior, la Corte ha sido enfática al señalar que el derecho a impugnar el fallo tiene como objetivo principal proteger el derecho de defensa, puesto que otorga la oportunidad de interponer un recurso para evitar que quede firme una decisión judicial en el evento que haya sido adoptada en un procedimiento viciado y que contenga errores o malas interpretaciones que ocasionarían un perjuicio indebido a los intereses del justiciable, lo que supone que el recurso deba ser garantizado antes de que la sentencia adquiera calidad de cosa juzgada. Este derecho permite corregir errores o injusticias que puedan haberse cometido en las decisiones de primera instancia, por lo que genera una doble conformidad judicial, otorga mayor credibilidad al acto jurisdiccional del Estado y brinda mayor seguridad y tutela a los derechos del condenado. En concordancia con lo anterior, a efectos que exista una doble conformidad judicial, la Corte ha indicado que lo importante es que el recurso garantice la posibilidad de un examen integral de la sentencia recurrida[38].

La decisión de la Corte es aplicable a cualquier tipo de materia y procedimiento dentro del ámbito interno de los Estados. Una sentencia con carácter de cosa juzgada otorga certeza sobre el derecho o controversia discutida en el caso concreto y, por ende, tiene como uno de sus efectos la obligatoriedad o necesidad de cumplimiento. Lo contrario supone la negación misma del derecho involucrado[39].

El agotamiento de los recursos internos, se encuentra dentro de los artículos 8.2 inciso h), 25, 46.1 a), b) segunda porción, artículo 46.2 inciso a) b) y c) de la CADH, así como, el artículo 31 del Reglamento de la CIDH. El artículo 8.2 h) establecen las garantías judiciales mínimas que deben tener las personas dentro de los procedimientos, así mismo, el artículo 25 señala la protección judicial que deben tener las personas.

---

38 Cfr. Corte IDH. Caso Amrhein y otros Vs. Costa Rica. Excepciones Preliminares, Fondo, Reparaciones y Costas. Sentencia de 25 de abril de 2018. Serie C No. 354, Párrafo 256.

39 Cf. Caso de los Empleados de la Fábrica de Fuegos de Santo Antônio de Jesus Vs. Brasil. Excepciones Preliminares, Fondo, Reparaciones y Costas. Sentencia de 15 de julio de 2020. Serie C No. 407, Párrafo 242.

Artículo 8. Garantías Judiciales
[...] Durante el proceso, toda persona tiene derecho, en plena igualdad, a las siguientes garantías mínimas
[...]
derecho de recurrir del fallo ante juez o tribunal superior.

Artículo 25. Protección Judicial
1. Toda persona tiene derecho a un recurso sencillo y rápido o a cualquier otro recurso efectivo ante los jueces o tribunales competentes, que la ampare contra actos que violen sus derechos fundamentales reconocidos por la Constitución, la ley o la presente Convención, aun cuando tal violación sea cometida por personas que actúen en ejercicio de sus funciones oficiales.
Los Estados Partes se comprometen:
a) a garantizar que la autoridad competente prevista por el sistema legal del Estado decidirá sobre los derechos de toda persona que interponga tal recurso;
b) a desarrollar las posibilidades de recurso judicial, y
d) a garantizar el cumplimiento, por las autoridades competentes, de toda decisión en que se haya estimado procedente el recurso.

El tema de los recursos internos es muy importante al tener una vertiente procesal muy interesante ya que permite establecer para los agentes del Estado una excepción preliminar dentro de su defensa, la cual involucra la falta de agotamiento de los mismos por parte de las presuntas víctimas. Hay que tener en consideración que los artículos 8.2 h) y 25 garantizan una protección judicial respecto de otras libertades fundamentales que poseen los individuos, es debido a ello que estos no pueden ser objeto de suspensión[40], por resultar necesarios para la protección del individuo.

Los recursos judiciales que se promuevan deben ser sencillos, rápidos y efectivos contra las violaciones a los derechos humanos[41], ello trae consigo una doble obligación; primero que los recursos se

---

40 Cfr. Corte IDH. El hábeas corpus bajo suspensión de garantías (Arts. 27.2, 25.1 y 7.6 Convención Americana sobre Derechos Humanos). Opinión Consultiva OC-8/87 de 30 de enero de 1987. Serie A No. 8. Y Corte IDH. Garantías judiciales en estados de emergencia (Arts. 27.2, 25 y 8 Convención Americana sobre Derechos Humanos). Opinión Consultiva OC-9/87 de 6 de octubre de 1987. Serie A No. 9.

41 Cfr. Corte IDH. Caso Integrantes y Militantes de la Unión Patriótica Vs. Colombia. Excepciones Preliminares, Fondo, Reparaciones y Costas. Sentencia de 27 de julio de 2022. Serie C No. 455., Párrafo 501

encuentren formalmente establecidos dentro de las leyes, esto garantiza que existan autoridades competentes para su resolución que amparen a todas las personas bajo su jurisdicción contra actos que violen sus derechos fundamentales o que conlleven la determinación de los derechos y obligaciones de ésta. Segundo garantizar los medios para ejecutar las respectivas decisiones y sentencias definitivas emitidas por tales autoridades competentes, de manera que se protejan efectivamente los derechos declarados o reconocidos[42]. Siendo así, los gobiernos tienen la responsabilidad de diseñar y consagrar normativamente un recurso eficaz, también la de asegurar la debida aplicación de dicho recurso por parte de sus autoridades judiciales[43]. Es importante señala que los recursos judiciales se consideran efectivos por estar establecidos en la legislación, pero, a su vez deben llevar a resultados que sean idóneos para combatir la violación y ser efectiva su aplicación por la autoridad competente. Lo anterior no implica que se evalúe la efectividad de un recurso en función de que este produzca un resultado favorable para el demandante[44], de igual manera en lo que atañe a los recursos en materia penal deben tener como objetivo obtener sin demora una decisión sobre la legalidad del arresto o la detención[45].

Estos artículos poseen una interrelación directa con los artículos 46.1 a), b) segunda porción, artículo 46.2 inciso a) b) y c) de la CADH, en función de que para acceder al sistema de interamericano uno de los aspectos principales es el agotar los recursos internos.

---

42 Cfr. Corte IDH Corte IDH Caso Mejía Idrovo Vs. Ecuador. Excepciones Preliminares, Fondo, Reparaciones y Costas. Sentencia de 5 de julio de 2011. Serie C No. 228, párr. 95 y Corte IDH Caso Cuya Lavy y otros Vs. Perú. Excepciones preliminares, Fondo, Reparaciones y Costas. Sentencia de 28 de septiembre de 2021. Serie C No. 438, párr. 170.

43 Cfr. Corte IDH. Caso de los "Niños de la Calle" (Villagrán Morales y otros) Vs. Guatemala. Excepciones Preliminares. Sentencia de 11 de septiembre de 1997. Serie C No. 32.párr. 170

44 Cfr. Corte IDH. Caso Mina Cuero Vs. Ecuador. Excepción Preliminar, Fondo, Reparaciones y Costas. Sentencia de 7 de septiembre de 2022. Serie C No. 464., Párrafo 116

45 Cfr. Corte IDH. Caso Valencia Campos y otros Vs. Bolivia. Excepción Preliminar, Fondo, Reparaciones y Costas. Sentencia de 18 de octubre de 2022. Serie C No. 469., Párrafo 120

El objeto del agotamiento de los recursos internos se centra principalmente, en comprender que el sistema interamericano no funciona como una cuarta instancia[46] para reclamar alguna pretensión que las personas tenían como objeto del litigio interior, el objeto y fin del sistema interamericano consiste en definir si las autoridades judiciales han afectado o no las obligaciones estipuladas en la Convención Americana. Siendo así, el requisito del agotamiento de los recursos internos tiene como objeto permitir que las autoridades nacionales conozcan respecto de la supuesta violación del derecho salvaguardado en la CADH, antes de que se entable un litigio internacional[47].

El agotamiento de los recursos internos prevista en el artículo 46.1 de la CADH, es una regla procesal dentro del sistema interamericano, ya que se pretende que los recursos internos de los Estados sean adecuados y efectivos para resolver cualquier tipo de violación a los derechos humanos de las personas. Sin embargo, el concepto "adecuado" refiere a que dentro del sistema jurídico interno se tiene la función de proteger la situación jurídica de los peticionarios, mientras "efectivo" hace referencia a cualquier recurso capaz de producir el resultado para el cual ha sido concebido, es decir, se tienen que observar si la decisión fue conforme a las reglas del debido proceso y dentro del plazo razonable para su resolución[48], dentro de este mis-

---

46 Cfr. Caso Manuela y otros Vs. El Salvador. Excepciones preliminares, Fondo, Reparaciones y Costas., Párrafo 147.

47 Comisión Interamericana de Derechos Humanos. (2020) Digesto de decisiones sobre admisibilidad y competencia de la Comisión Interamericana de Derechos Humanos. Organización de los Estados Americanos y la Comisión Interamericana de Derechos Humanos P. 34.

48 Corte IDH. Caso Castillo Páez Vs. Perú. Sentencia de 30 de enero de 1996 (Excepciones Preliminares). Serie C N°24. Párr. 40; CorteIDH. Caso Castillo Petruzzi Vs. Perú. Sentencia de 04 de septiembre de 1998 (Excepciones Preliminares). Serie C N°41. Párr. 56; CorteIDH. Caso Loayza Tamayo Vs. Perú. Sentencia de 31 de enero de 1996 (Excepciones Preliminares). Serie C N°25. Párr. 40. 3 Corte IDH. Caso de la Comunidad Mayagna (Sumo) Awas Tingni v. Nicaragua. Sentencia de 01 de febrero de 2000 (Excepciones Preliminares). Serie C N°66. Párr. 53. 4 Corte IDH. Caso Godínez Cruz Vs. Honduras. Sentencia de 20 de enero de 1989 (Fondo). Serie C N° 5. Párr. 67. 5 Corte IDH. Caso Tribunal Constitucional Vs. Perú. Sentencia de 31 de enero de 2001 (Fondo, Reparaciones y Costas). Serie C N° 71. Párr. 93. 6 CorteIDH.

mo punto debe considerarse que las personas encargadas de resolver el recurso deben ser jueces independientes e imparciales, no obstante, estos criterios son extensivos a los órganos no jurisdiccionales[49].

Si los peticionarios alegan haber agotado los recursos de jurisdicción interna, es importante mencionar que el reclamo de dichos derechos violados relacionados con la CADH, la CIDH debe observar que estos se hubieran sido ventilados ante los órganos judiciales nacionales, por lo menos de manera implícita bajo las normas aplicables del derecho interno, como ejemplo puede mencionarse los mecanismo de control constitucional, siendo así, el Estado tiene herramientas necesarias para señalar que existió una protección hacia los derechos humanos de las presuntas víctimas y observar si existe la oportunidad para remediar la violación alegada ante el sistema interamericano de derechos humanos.

El artículo 46.2 señala una serie de excepciones respecto a la regla del agotamiento de los recursos internos, las cuales son: a) no exista en la legislación interna del Estado de que se trata el debido proceso legal para la protección del derecho o derechos que se alega han sido violados; b) no se haya permitido al presunto lesionado en sus derechos el acceso a los recursos de la jurisdicción interna, o haya sido impedido de agotarlos, y c) haya retardo injustificado en la decisión sobre los mencionados recursos.

La primera excepción a la regla que consagra el artículo 46.2 establece "**no exista en la legislación interna del Estado de que se trata el debido proceso legal para la protección del derecho o derechos que se alega han sido violados**". Hay que ser muy cuidadoso pues para que el recurso sea válido debe encontrarse establecido en una norma que hubiese pasado por un proceso legislativo[50], es decir no debe

---

Caso Fairén Garbi y Solís Corrales Vs. Honduras. Sentencia de 15 de marzo de 1989 (Fondo). Serie C N°6. Párr. 91.

49 Cfr. Corte IDH. Caso Aroca Palma y otros Vs. Ecuador. Excepción Preliminar, Fondo, Reparaciones y Costas. Sentencia de 8 de noviembre de 2022. Serie C No. 471, Párrafo 104, y, Corte IDH Caso Guerrero, Molina y otros Vs. Venezuela. Fondo, Reparaciones y Costas. Sentencia de 3 de junio de 2021. Serie C No. 424, Párrafo 141.

50 cfr Cfr. Corte IDH. El hábeas corpus bajo suspensión de garantías (Arts. 27.2, 25.1 y 7.6 Convención Americana sobre Derechos Humanos). Opinión Con-

estar instaurado en normas que no hubiesen pasado por dicho proceso, por ello los recursos establecidos en reglamentos por ejemplo no son válidos. Además, señálese que el recurso no debe ser ilusorio, es decir, no basta que el recurso este previsto en la Constitución o la ley o con que sea formalmente admisible, requiere que sea idóneo para establecer que se ha incurrido en una violación a los derechos humanos y para que pueda establecer medios para remediar dicha violación[51]. En esa línea de ideas, es importante señalar que no se consideran efectivos aquellos recursos que por las condiciones generales del país o incluso por las circunstancias particulares de un caso concreto, resulten ilusorios, o no vayan a llevar a un resultado efectivo, esto se demuestra en la práctica pues los recursos deben poder analizar cuestiones fácticas, probatorias y jurídicas en que se basa la sentencia impugnada[52], es decir que pueda verificar que no se cometan errores de hecho o de derecho al momento de pronunciarse la resolución definitiva. Así mismo el recurso debe será analizado por autoridades judiciales, de independencia e imparcialidad, porque falten los medios para ejecutar sus decisiones, o bien, porque se pidan mayores requisitos que los pedidos por el sistema interamericano, por cualquier otra situación que configure un cuadro de denegación de justicia, como sucede cuando se incurre en retardo injustificado en la decisión[53].

Téngase en consideración que la excepción al agotamiento de recurso establecido en el artículo 46.2, el peticionario puede alegar que no puede comprobar el agotamiento de estos recursos, por lo cual conforme al artículo 31.3 del Reglamento de la CIDH, la carga de la prueba se revierte hacia el Estado, siendo este el que debe demos-

---

sultiva OC-8/87 de 30 de enero de 1987. Serie A No. 8. Y Corte IDH. Garantías judiciales en estados de emergencia (Arts. 27.2, 25 y 8 Convención Americana sobre Derechos Humanos). Opinión Consultiva OC-9/87 de 6 de octubre de 1987. Serie A No. 9.

51 Cfr. Corte IDH. Caso Brewer Carías Vs. Venezuela. Excepciones Preliminares. Sentencia de 26 de mayo de 2014. Serie C No. 278, Párrafo 100.

52 Corte IDH. Caso Amrhein y otros Vs. Costa Rica. Excepciones Preliminares, Fondo, Reparaciones y Costas. Sentencia de 25 de abril de 2018. Serie C No. 354, Párrafo 257.

53 Cfr. Corte IDH. Caso Las Palmeras Vs. Colombia. Fondo. Sentencia de 6 de diciembre de 2001. Serie C No. 90, Párrafo 5.

trar que los recursos internos no han sido agotados. El Estado tiene que señalar cuales recursos faltaron de agotarse y demostrar que los mismos resultan ser idóneos y adecuados para subsanar la violación alegada, así como, para proteger la situación jurídica infringida[54].

Sugerencia: Si usted es agente del Estado y desea poner la excepción del agotamiento de recursos internos, el mejor momento para que esta sea oportuna debe plantearse en las primeras etapas ante la CIDH, de no hacerlo en esta etapa se considerará como renunciada dicha excepción. Tenga en consideración que como agente del Estado su mejor oportunidad para ganar el litigio internacional es antes de la etapa de admisibilidad, si usted no logró hacer valer buenas excepciones relativas al agotamiento de los recursos internos, es mejor que vaya preparando una buena estrategia de negociación para llegar a una solución amistosa. Si usted pretender hacerla valer como una excepción preliminar ante la Corte IDH, difícilmente será validada por este organismo, a menos que establezca una muy buena argumentación jurídica basada en aspectos procesales del sistema interamericano, argumentando un posible cambio de situación jurídica de la presunta víctima conforme al principio de definitividad en su acepción horizontal y aportando pruebas que demuestren que él o la peticionaria decidió no agotar el recurso por la simple incertidumbre de las perspectivas de éxito que podría tener el mismo[55].

Sugerencia: El agotamiento de los recursos internos resulta ser un tema muy interesante, sin embargo, preste atención pues la Corte Interamericana ha señalado "requisito de que la decisión sea razonada no es equivalente a que haya un análisis sobre el fondo del asunto, estudio que no es imprescindible para determinar la efectividad del recurso"[56], este último punto es importante tenerlo en consideración ya que tiene que ver mucho sobre las causales de sobreseimiento e

---

54 Cfr. Informe No. 26/16, petición 923-03. Inadmisibilidad. Rómulo Jonás Ponce Santamaría. Perú 15 de abril de 2016, párr. 25.

55 Cfr. CIDH, Informe No. 104/05 Petición 65-99. Inadmisibilidad. Víctor Nicolás Sánchez y otros (Operador GateKeeper) Estados Unidos 27 de octubre de 2005 párr. 67.

56 Cfr. Corte IDH. Caso Castañeda Gutman Vs. México. Excepciones Preliminares, Fondo, Reparaciones y Costas. Sentencia de 6 de agosto de 2008. Serie C No. 184. Párrafo 94.

improcedencia que presenten los recursos internos, ya sean los de la materia del juicio así como los relativos a los medios de protección constitucional. Señálese que si bien pueden existir situaciones en las cuales se detecte una violación flagrante a los derechos humanos de las personas, lamentablemente los operadores jurídicos no las estudian, esto se debe a una cultura procesalista cerrada que se tiene, en las cuales se privilegia el estudio de las causales de improcedencia y sobreseimiento antes que el fondo, de manera que se dejan sin resolver la controversia efectivamente planteada, la materialidad de la efectividad del recurso debe privilegiar, por encima de aspectos formales, la resolución de fondo del asunto, lo anterior a fin de privilegiar el principio de mayor beneficio[57]. Siendo así, la argumentación de un fallo debe establecer cuáles fueron los hechos, motivos y normas en que se basó la autoridad para tomar su decisión, de manera clara y expresa, lo cual se traduce en un ejercicio de fundar y motivar, evitando que exista cualquier indicio de arbitrariedad. Tenga presente que aun cuando el órgano judicial no estuviere facultado para analizar todos los aspectos de una decisión administrativa, si aquél es capaz de anular dicha decisión bajo distintos supuestos, entre ellos una incorrecta interpretación de los hechos o de la ley[58], lo cual lleva realizar un estudio de constitucional y convencionalidad, si la autoridad no realiza este estudio, se puede considerar una mala práctica por parte de la autoridad judicial.

Sugerencia: La regla del agotamiento de los recursos internos tiene que llevar a un resultado efectivo, sin embargo, esto último no implica que deba atenderse a las pretensiones planteadas por la personas concediéndosela en todo momento sino aquellas que tienen una legitimación *ad causam* y *ad procesum*, aún de esta manera si durante el procedimiento se demuestra que la pretensión de origen carecía de una legitimación *ad causam* convincente, o que teniéndola los argumentos planteados no fueron convincentes por carecer de la técnica argumentativa idónea, el resultado desfavorable del recurso interno no demuestra en sí su falta de idoneidad, o si los mismos han

---

57 Jurisprudencia de registro 2023741 [noviembre 2021] recuperado de https://sjf2.scjn.gob.mx/detalle/tesis/2023741.

58 Cfr. ECHR, Case of Sigma Radio Television Ltd. v. Cyprus. Judgment of 21 July 2011. App. Nos. 32181/04 and 35122/05, parr. 154.

sido rechazados con fundamentos procesales razonables y no arbitrarios, como la interposición de juicios de amparo sino se han agotado las instancias previas o los recursos legales[59]. Sino que estos deben ser formal y materialmente idóneos, es decir, deben permitir contar con una accesibilidad y eficacia para restituir la situación denunciada. Ahora bien, las presuntas víctimas no tienen por qué agotar todos recursos que prevea el Estado en su legislación, si estos no le llevaran a tener un resultado efectivo e idóneo, pero, téngase en cuenta que si la presunta víctima planteó la cuestión por alguna de las alternativas válidas y adecuadas según el ordenamiento jurídico interno siguiendo toda la vía procesal respectiva y el Estado al tener la oportunidad de remediar la cuestión en su jurisdicción, no lo realizó ya fuera por desconocimiento del procedimiento o la inexistencia de imparcialidad, la finalidad de la norma internacional está cumplida.

La segunda excepción del artículo 46.2 en su inciso b) señala "no se haya permitido al presunto lesionado en sus derechos el acceso a los recursos de la jurisdicción interna, o haya sido impedido de agotarlos", es muy sencilla de comprender pues involucra aquellos en las cuales a las presuntas víctimas se les prohíbe presentar recursos en la jurisdicción interna, frecuentemente ocurre en casos de incomunicación en aquellos casos que involucran una detención o privación arbitraria de la libertad. En ese orden de ideas las personas pueden promover el recurso de *habeas corpus*, o, en el caso de México el juicio de amparo indirecto contra actos prohibidos en el 22 constitucional, siendo estos idóneos para los casos que involucren a personas privadas ilegalmente de su libertad, de esta manera recursos como el *habeas corpus* resulta esencial para garantizar la vida e integridad de una persona detenida, para impedir su desaparición o la indeterminación del lugar de detención, la característica de idoneidad tanto del *habeas corpus* como del juicio de amparo indirecto residen en la capacidad para conocer de estos por parte de la autoridad judicial. Destáquese que la Corte ha señalado la relación que guarda el artículo 7.6 y el 25 de la CADH, siendo el primero aquel que establece a la letra lo siguiente:

---

59 Cfr. CIDH, Informe No. 122/17 Petición 156-08. Admisibilidad. Williams Mariano Paría Tapia. Perú. 7 de septiembre de 2017, párr. 13. CIDH, Informe No. 90/03 petición 0581/1999. Inadmisibilidad. Gustavo Trujillo Gónzalez. Perú 22 de octubre de 2003, párr. 32.

> Toda persona privada de libertad tiene derecho a recurrir ante un juez o tribunal competente, a fin de que éste decida, sin demora, sobre la legalidad de su arresto o detención y ordene su libertad si el arresto o la detención fueran ilegales. En los Estados partes cuyas leyes prevén que toda persona que se viera amenazada de ser privada de su libertad tiene derecho a recurrir a un juez o tribunal competente a fin de que éste decida sobre la legalidad de tal amenaza, dicho recurso no puede ser restringido ni abolido. Los recursos podrán interponerse por sí o por otra persona.

Este artículo contempla la tutela de manera directa a la libertad personal o por medio del mandato judicial dirigido a las autoridades correspondientes a fin de que se lleve al detenido a la presencia del juez para que éste pueda examinar la legalidad de la privación y, en su caso, decretar su libertad, respetar su integridad personal, impedir su desaparición, ello debido a que se sigue los principios de efectividad es transversal a la protección debida de todos los derechos reconocidos en la CADH y el principio *iura novit curia*, el juzgador posee la facultad, e inclusive el deber, de aplicar las disposiciones jurídicas pertinentes en una causa, aun cuando las partes no las invoquen expresamente[60]. La Corte ha señalado que los Estados están obligados a proveer recursos judiciales efectivos los cuales deben ser sustanciados de conformidad con las reglas del debido proceso, lo cual involucra requisitos de legitimación *ad causam y ad procesum*, plazos para presentar promociones, fijar audiencias y dictar resoluciones, así como, requisitos de forma y fondo, de estos últimos como ya se ha señalado la forma no puede sobreponerse al fondo en violaciones a los derechos humanos; estos recursos deben permitir en casos muy particulares relacionados con la materia penal el identificar: a) la ausencia de líneas lógicas y conjuntas de investigación por ser los mismos patrones de conducta; b) el deber de investigar la muerte de una persona en custodia del Estado y c) la existencia de presuntas irregularidades y omisiones en las diligencias iniciales de la investigación[61].

---

60 Cfr. Corte IDH. Caso Guachalá Chimbo y otros Vs. Ecuador. Fondo, Reparaciones y Costas. Sentencia de 26 de marzo de 2021. Serie C No. 423., Párrafo 205 y 206.

61 Cfr. Corte IDH. Caso hermanos Landaeta Mejías y otros vs. Venezuela. Excepciones preliminares, fondo, reparaciones y costas. Sentencia de 27 de agosto de 2014. Serie C No. 281.

¿El recurso de jurisdicción interna puede ser presentado directamente por el interesado, sus familiares o bien por su representante legal?

R= Sí, cuando este se encuentre desaparecido o incomunicado, en situaciones muy especiales a las personas que pertenecen a grupos vulnerables o situaciones de pobreza extrema, añadiendo a lo anterior mecanismos constitucionales como el juicio de amparo en los últimos supuestos se puede obtener la suplencia de la queja[62].

¿El agotamiento de los recursos internos debe ser realizado cuando se trata de personas jurídicas?

R= Sí, se debe realizar ya sea por medio de los representantes legales a título propio o en representación de sus miembros el artículo 46.1.a no distingue entre personas naturales o personas jurídicas, puesto que se concentra exclusivamente en el agotamiento de los recursos. La propia Corte ha señalado que se tiene por agotados los recursos internos cuando:

1) Se compruebe que se presentaron los recursos disponibles, idóneos y efectivos para la protección de sus derechos, independientemente de que dichos recursos hayan sido presentados y resueltos a favor de una persona jurídica, y

2) Se demuestre que existe una coincidencia entre las pretensiones que la persona jurídica alegó en los procedimientos internos y las presuntas violaciones que se argumenten ante el Sistema.

¿Se puede acudir directamente al sistema interamericano si una persona se encuentra en situaciones de pobreza extrema o indigencia?

R= Sí, la Corte ha señalado que las personas indigentes debido a las circunstancias económicas, no son capaces de hacer uso de los recursos jurídicos en el país. Bien por las razones de indigencia o por el temor generalizado de los abogados para

---

62 Tesis aislada de registro 2016969 [mayo 2018] recuperado de https://sjf2.scjn.gob.mx/detalle/tesis/2016969.

representarlo legalmente, un reclamante ante la Comisión se ha visto impedido de utilizar los recursos internos necesarios para proteger un derecho garantizado por la Convención, no puede exigírsele su agotamiento. Si bien, el artículo 46.2.b es aplicable en aquellos casos en los cuales sí existen los recursos de la jurisdicción interna pero su acceso se niega al individuo o se le impide agotarlos. Estas disposiciones se aplican, entonces, cuando los recursos internos no pueden ser agotados porque no están disponibles bien por una razón legal o bien por una situación de hecho[63].

¿Cuál es el momento oportuno para hacer valer la excepción de la falta de agotamiento de los recursos internos?

R= Ciertamente es mientras el trámite se encuentra ante la CIDH durante la etapa de admisibilidad del procedimiento, al igual que antes de cualquier consideración en el fondo del asunto. De no plantearse en cualquiera de estos momentos se considerará que el Estado ha renunciado tácitamente a valerse de ella[64]. La función principal de la excepción del agotamiento de los recursos internos y su tramitación ante la admisibilidad del caso ante la CIDH, tiene como fin último que el conflicto se pueda remediar antes de iniciar el proceso ante el órgano internacional.

Sugerencia: Si se opta por la decisión de acudir al sistema interamericano sin haber agotado los recursos internos, tenga en consideración que puede aplicarse en su perjuicio si el Estado prueba que existían recursos disponibles dentro de la jurisdicción interna, siendo así, la carga de la prueba se revierte, pues ahora deberá demostrar que son aplicables las excepciones del artículo 46.2 y que se vio impedido de obtener la asistencia legal necesaria para la protección o garantía de derechos reconocidos en la Convención[65].Máxime

[63] Cfr. Corte IDH. Excepciones al agotamiento de los recursos internos (Arts. 46.1, 46.2.a y 46.2.b, Convención Americana sobre Derechos Humanos). Opinión Consultiva OC-11/90 de 10 de agosto de 1990. Serie A No. 11.

[64] Cfr. Corte IDH. Caso Velásquez Rodríguez Vs. Honduras. Excepciones Preliminares. Sentencia de 26 de junio de 1987. Serie C No. 1.

[65] Cfr. Ídem.

cuando se poseen mecanismos de control como el juicio de amparo con la figura de la suplencia de la queja, la cual da una ventaja al gobernado para la protección de sus derechos fundamentales, así mismo, para muchos asuntos se puede acudir directamente a las defensorías públicas para que lleven el asunto, y al tener esta opción, no se puede alegar que no existió una defensa técnica adecuada, puesto que primeramente existe una representación legal, y segundo la doctrina denominada "perdida de la oportunidad" o *lost chance* resulta raramente aplicable, si se toma en consideración que la obligación asumida se califica conforme a medios y no resultados, ya que se basa en la ejecución de las pretensiones conforme a las reglas de su profesión y según la diligencia, a fin de proteger de mejor manera la tutela de los intereses del cliente, sin que sea necesario demostrar, sin lugar a dudas, lo fundado de la pretensión del juicio subyacente, sino que bastará con evidenciar la probabilidad de ello y, por parte del postulante, su actividad y empeño en favor de su cliente[66], de manera que las estrategias legales y argumentos que el abogado y el cliente decidan utilizar queda entre estos dos bajo estricto secreto profesional al estar vinculado con el derecho a la intimidad[67], por lo que no hay ni puede haber intervención directa del Estado para interferir en la estrategia. Además, puede argumentar que con base en la doctrina jurídica de Joseph Raz se señala que los sistemas jurídicos son sistemas abiertos una de sus principales funciones consiste en conferir fuerza obligatoria a las normas que en un momento no pertenecen a él, pero adoptan características de la sociedad que los interpreta, y da coercibilidad[68].

Sugerencia: Si usted como agente del Estado pretende señalar que los peticionarios tenían una serie de recursos dentro del ámbito interno para restituir el derecho violado, tenga en consideración

---

66 Tesis aislada de registro 2022912 [marzo 2021] recuperado de https://sjf2.scjn.gob.mx/detalle/tesis/2022912 Tesis aislada de registro 2022913 [marzo 2021] recuperado de https://sjf2.scjn.gob.mx/detalle/tesis/2022913 Supreme Court Morh vs Grantham No. 84712-6 [october 2011] recuperado de https://law.justia.com/cases/washington/supreme-court/2011/84712-6-1.html

67 Tesis aislada de registro 168790 [septiembre 2008] recuperado de https://sjf2.scjn.gob.mx/detalle/tesis/168790.

68 Raz, Joseph, Practical Reason and Norms, 2a edi., Princeton University Press. 1990, p. 152-154.

que si bien debe plantear esta excepción en el momento procesal oportuno, usted debe explicar en qué consisten esos recursos y el tipo de efectos que producen, es decir, si estos son indemnizatorios o restitutorios. El no hacer la precisión sobre los recursos mencionados como idóneos y efectivos, así como sus efectos para el pago de las indemnizaciones o restituciones, su excepción no será considerada y procederá a ser desechada[69]. Si existe una discrepancia frente a los requisitos de admisibilidad de una petición la Corte puede examinarlo, sin embargo, esto **no** abre una nueva ventana de oportunidad procesal para que el Estado presente su objeción ni tampoco para que corrija o enuncie nuevos recursos que pudieran ser utilizados por la víctima, dentro del ordenamiento jurídico interno, no es válido ni en el escrito de interposición de excepciones preliminares, contestación de demanda y observaciones a las solicitudes y argumento[70], evite desgastarse, mejor centre su argumentación en la interpretación filosófica y dimensionalidad de lo que implica el recurso adecuado y efectivo. Siendo el primero, el recurso que tiene la función directa de resolver la violación especifica del caso. Los segundos Corte, son aquellos encaminados no solo a existir dentro del ordenamiento jurídico y ser utilizados por los ciudadanos, si no, que sean capaces de producir el resultado que se espera y para el cual fueron creados, y que tan fácil es para las personas acceder a ellos, la existencia de un recurso en el ordenamiento jurídico de un país, pero que sea virtualmente imposible de ejecutar o sustanciar, resulta también en la inefectividad del mismo[71].

La tercera excepción del artículo 46.2 en su inciso c) haya retardo injustificado en la decisión sobre los mencionados recursos. Esta excepción se relaciona directamente con los postulados de la justicia pronta y expedita, así como la omisión de la autoridad en realizar las actuaciones debidas para lograr una adecuada procuración de justi-

69 Corte IDH. Caso de los pueblos indígenas Kuna de Madungandí y Emberá de Bayano y sus miembros Vs. Panamá. Excepciones preliminares, fondo, reparaciones y costas. Sentencia de 14 de octubre de 2014. Serie C No. 284.

70 Cfr. Corte IDH. Caso Tibi Vs. Ecuador. Excepciones Preliminares, Fondo, Reparaciones y Costas. Sentencia de 7 de septiembre de 2004. Serie C No. 114.

71 Cfr Corte IDH. Caso Cesti Hurtado Vs. Perú. Excepciones Preliminares. Sentencia de 26 de enero de 1999. Serie C No. 49.

cia, conforme a este apartado es válido mencionar la existencia los índices de impunidad. Es menester señalar que Naciones Unidas en el año 2005 señaló como impunidad lo siguiente:

> La inexistencia de hecho o de derecho, de responsabilidad penal por parte de los autores de violaciones, así como de responsabilidad civil, administrativa o disciplinaria, porque escapan a toda investigación con miras a su inculpación, detención, procesamiento y, en caso de ser reconocidos culpables, condena a penas apropiadas, incluso a la indemnización del daño causado a sus víctimas[72].

Derivado de lo anterior es preciso señalar que en países como México los niveles de impunidad son muy elevados. Se encuentra entre los 10 primeros países con estos niveles de impunidad, solo por debajo de países como Chile, Colombia, Panamá y arriba de países como Nepal, Marruecos y Honduras[73]. La existencia de una dilación tanto en los procedimientos ordinarios administrativos, los juicios, el dictado de la sentencia y la resolución de los recursos genera una afectación a los derechos consagrados en los artículos 8, 25 y excepcionalmente el artículo 7 de la CADH. Las obligaciones contenidas en el artículo 25 de la CADH, por parte de las autoridades públicas no pueden obstaculizar el sentido y alcance de las decisiones judiciales ni retrasar indebidamente su ejecución[74]. Bajo ese enfoque es válido señalar que el índice de impunidad se centra en distintos niveles que impactan en la esfera del ciudadano y del propio Estado, siendo así, es posible señalar que existen dimensiones de la impunidad bajo un enfoque estructural, funcional y protección a los derechos humanos, conforme a estos parámetros es admitido señalar que la impunidad representa una forma de injusticia social cuyas consecuencias afectan el desempeño de las instituciones públicas, la calidad en la

---

72 ONU. (2005)Lucha contra la impunidad y fortalecimiento de investigaciones de crímenes contra los Derechos Humanos e infracciones al Derecho Internacional humanitario https://www.unodc.org/colombia/es/projust2013/areas-tematicas4.html

73 Le Creq Ortega J.A et al(2022) Índice Global de Impunidad. Universidad de las Américas Puebla. México.

74 Corte IDH. Caso Asociación Nacional de Cesantes y Jubilados de la Superintendencia Nacional de Administración Tributaria (ANCEJUB-SUNAT) Vs. Perú. Excepciones Preliminares, Fondo, Reparaciones y Costas. Sentencia de 21 de noviembre de 2019. Serie C No. 394. Párr. 131.

dotación de bienes públicos y el disfrute de derecho de las personas, este impacto se mide conforme al ámbito jurídico, político, económico y social[75], lo cual ciertamente afecta las decisiones de los órganos jurisdiccionales y administrativos, en cuanto su contenido y su forma, ya que la última conlleva la celeridad mediante las cuales se emite la resolución.

Uno de los problemas más grandes que enfrentan los sistemas jurídicos en sus órganos de procuración de justicia en sus distintos niveles de gobierno, es superar el rezago tan grande que existe dentro de las instituciones, además de que la carga de trabajo no se reduce. Ha destacarse que la labor jurisdiccional en países como México se ha burocratizado, obviándose en frases que suelen ocupar los servidores públicos tales como: "un momentito", "si no trae sus datos completos no se le puede atender", "todavía no es hora" o "regrese mañana", se han vuelto un cáncer al momento de realizar actuaciones jurídicas. La labor de la abogacía ahora depende de tener conocimiento del aspecto sustantivo y procesal de la norma, así como, del trato que debe realizar el abogado a fin de que la burocracia mexicano no demore los asuntos y con ello no se afecten los derechos del ciudadano[76]. Los trámites burocráticos establecen muchos requisitos, además, en ocasiones, son muy flexibles al momento de aceptar determinados requisitos por otros, lo cual conlleva a una confusión entre los usuarios y los mismos burócratas, de esta manera se entorpecen los tramites volviéndolos lentos. Muchos de los conflictos burocráticos molesta, solamente, saben que algún aspecto burocrático es lo que afecta sus derechos, y, la autoridad por su parte busca justificar su actuación a través del texto de la ley o en su reglamento interior.

Señálese que el retardo injustificado en el ámbito administrativo, así como, en la impartición de justicia, tienen como punto de origen la inobservancia del principio de celeridad, tanto por los operadores de primer nivel como por los encargados de despacho o titulares de área. La celeridad es vista como una prerrogativa procesal para que

---

75 Le Creq Ortega J.A et al(2022) Índice Global de Impunidad. Universidad de las Américas Puebla. México, p. 15.

76 Betanzos Torres, E. O. Márquez Roa U. González I (2021) Teoría de la maquinaria jurídica. Tirant lo Blanch.

las partes reciban una pronta resolución, siguiendo lo establecido en las leyes procesales.

La resolución pronta de los requisitos judiciales, también se vincula directamente con la teoría del caso, la cual no termina con la resolución de la autoridad de primera instancia o aquellas que resulten de tipo administrativo, sino que continua hasta que la sentencia quede firme. Es importante tener en consideración que la promoción de recursos si bien tiene como finalidad transformar la situación jurídica en beneficio los gobernados, lo cierto es que para ello se requiere de una adecuada argumentación jurídica que involucra fundar, motivar y que guarden directa relación con el acto, omisión o norma a reclamar, es decir, que forman parte de la misma línea argumental, sin embargo, no se espere un resultado efectivo si dentro del recursos efectivo si los agravios no combaten las consideraciones de la resolución recurrida y simplemente transcriben los mismo argumentos que se dieron durante el juicio[77]. Siendo así, los agravios serán susceptibles de estudio en la medida en que combatan directamente la parte considerativa que controvierte; que exprese la lesión o agravio que las respectivas consideraciones le provocan, así como los motivos que generan esta afectación, sin que sea dable que realice meras afirmaciones sin fundamento; y que controvierta de manera suficiente y eficaz la sentencia definitiva[78].

La promoción de recursos debe formar del litigio estratégico, para ello es necesario, que el litigio estratégico requiera tanto de los abogados postulantes como de los impartidores de justicia las características de ingenio, compromiso, conocimiento, ya que requiere de un interés público, pues los abogados luchan por preservar el mejor interesa de sus clientes, lo cual puede ir desde la promoción de un recurso o por medio de la realización de acciones colectivas para

---

77 Jurisprudencia de registro 184999 [febrero 2003] de registro https://sjf2.scjn.gob.mx/detalle/tesis/184999 Jurisprudencia de registro 167801 [marzo 2009] recuperado de https://sjf2.scjn.gob.mx/detalle/tesis/167801 Jurisprudencia de registro 159947 [noviembre 2012] recuperado de https://sjf2.scjn.gob.mx/detalle/tesis/159947

78 Jurisprudencia de registro [noviembre 2009] recuperado de https://sjf2.scjn.gob.mx/detalle/tesis/166032

promover el cambio de legislación[79]. La promoción de recursos judiciales ser relaciona con el litigio estratégico al consolidar transformaciones estructurales en la sociedad, por tanto, las reformas legales deben atender a modificaciones prácticas en la legislación, los sujetos y los individuos de la sociedad han puesto énfasis en acciones jurisdiccionales dirigidas contra el Estado[80]. Los recursos judiciales en sus reclamos de interés individuales como colectivos se centran en la toma de acciones relacionadas que impidan las violaciones a los derechos humanos, resalta la obligación del Estado de cumplir con lo dispuesto en los tratados internacionales, reafirmando los compromisos del Estado al momento de realizar la subscripción a estos. La construcción del caso paradigmático conforme a los parámetros del litigio estratégico debe tener en consideración la oportunidad y calidad probatoria del caso, la relación de la víctima y su interacción dentro del procedimiento, el agotamiento de los recursos internos[81].

Se prioriza que exista una justicia pronta y expedita dentro de los tribunales, no obstante, hay excepciones respecto a la agilidad de los procesos judiciales y se fundamenta en el plazo razonable. El plazo razonable no puede ser establecido en abstracto, para ejemplificar basta señalar las situaciones que involucran prisión preventiva en materia penal, no por el simple hecho de que la ley establezca esta figura deberá de aplicarse, es importante que exista una razón fundada para su procedencia[82]. Además, cada contienda judicial o administrativa se deben tomar en cuenta estos tres supuestos; a) la complejidad del asunto, b) la actividad procesal del interesado, c) la conducta de las autoridades judiciales, y d) afectación generada en

---

79 Rekosh E, Bu, Kyra A. & Vessela T (2015) Pursuing the Public Interest: A handbook for legal professionals and activists, Public Interest Law Initiative, p. 81.

80 Estremadoyro Vermejo, J (2001): "Repensando el interés público desde una perspectiva de género", en Discriminación e interés Público; Cuadernos de análisis jurídico. Escuela de Derecho, Universidad Diego de Portales, Felipe González (ed), Santiago, No.12.

81 Contreras, Juan Carlos G. (2011). Modelo para armar: litigio estratégico en derechos humanos. México D.F.: Comisión Mexicana de Defensa y Promoción de los Derechos Humanos A.C., p. 31.

82 Informe No. 2/97 CIDH párr. 18 recuperado de https://www.cidh.oas.org/annualrep/97span/argentina11.205.htm

la situación jurídica de la persona involucrada en el proceso[83], analicemos de manera sucinta las mencionadas:

- **Complejidad del asunto:** Establece circunstancias concretas para cada caso en particular, en aquellas contiendas de escasa dificultad la respuesta dependerá de los hechos y fundamentos jurídicos que se expongan para dar trámite a la solución la cual será directamente proporcional al grado de dificultad. Para aquellas situaciones complejas se requiere de un mayor estudio y esfuerzo por parte de la autoridad, para desarrollar su respuesta, existe la necesidad de ofrecer un tiempo mayor para dar una contestación adecuada[84], misma que deberá satisfacer las pretensiones de quien la solicita; más no implica un fallo favorable a las pretensiones, se trata de que la resolución se encuentre cabalmente motivada para no dejar en duda la respuesta a la pretensión planteada.
- **El comportamiento procesal del interesado:** Las partes dentro de un procedimiento se encuentran en absoluta libertad de interponer cuantas acciones legales les sean convenientes para poder resolver la controversia judicial, pero, no debe perderse de vista que no se puede culpar al tribunal si la persona y su representante legal recurre a maniobras dilatorias; solo las dilaciones indebidas, imputables al juzgador pueden determinar el incumplimiento y violación del derecho al recurso judicial efectivo. Si esta conducta tiene una fuente maliciosa y no objetiva deriva en una dilación que se encuentra en los autos del expediente judicial, por lo cual no puede ser atribuible a la autoridad judicial la prolongación del proceso. Las autoridades deben vigilar con énfasis en materia penal que la presen-

---

83 Cfr. Corte IDH. Caso Geni Lacayo Vs. Nicaragua. Fondo, Reparaciones y Costas. Sentencia de 29 de enero de 1997 Serie C No. 30 párr. 77 Corte IDH. Caso Federación Nacional de Trabajadores Marítimos y Portuarios (FEMAPOR) Vs. Perú. Excepciones Preliminares, Fondo y Reparaciones. Sentencia de 1 de febrero de 2022. Serie C No. 448., Párrafo 89 y Caso Montesinos Mejía Vs. Ecuador. Excepciones Preliminares, Fondo, Reparaciones y Costas. Sentencia de 27 de enero de 2020. Serie C No. 398, Párrafo 179

84 Lanzarote Martínez P(2005). La vulneración del plazo razonable en el proceso penal, Granada, Editorial Comares S.L. p. 23

tación de las pruebas de descargo ofrecidas por el inculpado y sus recursos presentados sean legítimos. Es muy común sobre todo en materia de amparo el desconocimiento del abogado respecto a los recursos que debe interponer, tales como; reconsideración o queja, al promover ambos para ver cuál le resulta favorable, le permite incurrir en prácticas que entorpecen los procedimientos judiciales, además, vulneran el derecho a la defensa por el mismo abogado al carecer de pericia jurídica, este tipo de prácticas o tácticas dilatorias utilizadas por el mismo recurrente dificulta la resolución de los asuntos. El carácter de estas violaciones puede ser activo o pasivo; en el carácter activo, el planteamiento de recursos o cuestiones incidentales son inútiles o superfluas, provoca suspensiones injustificadas. Mientras que el pasivo se limita a que continúe existiendo a fin de obstruir y dilatar los proceso, lo cual resulta ser un hecho inevitable sin intentar en ningún momento hacer valer su derecho solicitando al órgano judicial la suspensión de las dilaciones[85], muchas veces esto no se hace por falta de pericia del abogado postulante o por una mala praxis.

- **La conducta de las autoridades judiciales:** Refiere a la imparcialidad de la autoridad frente a las partes, depende de la carga de trabajo que posean los órganos jurisdiccionales, la conducta de las autoridades judiciales no debe estribar exclusivamente de iniciativa procesal de la parte actora en los procesos[86]. En procesos relacionados con la materia penal las autoridades del Estado deben investigar lo que ha ocurrido con las víctimas[87], en especial en aquellos casos que involucren desaparición de personas, pues estas situaciones acarrean la violación de diversos derechos humanos tales como; la personalidad jurídica, la

---

85 Cardenas Rioseco R (2007). *El derecho a un proceso justo sin dilaciones indebidas.* México, Porrúa. pp. 21-24 y 80-82.

86 Cfr. Corte IDH. Caso Furlan y Familiares Vs. Argentina. Excepciones Preliminares, Fondo, Reparaciones y Costas. Sentencia de 31 de agosto de 2012 Serie C No. 246. Párr. 169.

87 Cfr. Corte IDH. Caso Heliodro Portugal Vs. Panamá. Excepciones Preliminares, Fondo, Reparaciones y Costas. Sentencia de 12 de agosto de 2008. Serie C No. 186 párr. 149.

vida, la libertad, la seguridad personal, la integridad física, la prohibición de que se ejerza tortura o tratos crueles inhumanos y degradantes sobre ellas. La desaparición impide que la persona puedan continuar ejerciendo sus derechos, y de igual manera se violenta los derechos de la familia del desaparecido pues causa grave sufrimiento[88]. La conducta de las autoridades judicial debe precisar en esclarecer las desapariciones forzadas, pero, además debe resolver los procedimientos de manera rápida y eficiente para que los familiares no tengan zozobra y la angustia que les acongoja respecto de la incertidumbre que provoca el paradero de su familiar, por ello en estos asuntos se tolera que los familiares del desaparecido promuevan tantos recursos judiciales o administrativos como consideren convenientes[89].Las autoridades deben resolver de manera congruente y en los términos previstos por la ley los asuntos que se les presente a fin de no dilatar las resoluciones, recuerdes el proverbio jurídico que versa "justicia dilatada es justicia denegada." El hecho de que los procesos jurídicos sean lentos conlleva un problema de inseguridad y falta de confianza por parte de los ciudadanos hacia la autoridad, afectar a las familias en mayor o menor medida; en los casos que involucran el cobro de adeudos civiles y mercantiles, si bien la demanda se entabla en contra de una persona especifica no es menos cierto que afecta a quienes comparte su círculo más íntimo. Por ejemplo cuando se cobra una deuda en la cual el deudor no tiene el dinero para pagar el monto, y se procede a trabar formal embargo de sus bienes raíces, los familiares del deudor se ven involucrados por compartir el mismo domicilio, y tener en ocasiones un patrimonio en común, si bien existen juicios sumarios los procedimientos suelen aún ser tardados, y la conducta de las autoridades juega un papel importante en la celeridad en que se resuelvan los asuntos, ya que se pone en juego

---

88 Cfr. Corte IDH. Caso Anzualdo Castro Vs. Perú. Excepción Preliminar, Fondo, Reparaciones y Costas. Sentencia de 22 de septiembre de 2009. Serie C No. 202, párr. 93.

89 Cfr. Corte IDH. Caso Bácama Velásquez Vs. Guatemala. Fondo. Sentencias de 25 de noviembre de 2000. Serie C. No. 70 párr. 129.

el patrimonio de las personas; las familias siempre se sienten temerosas de perder todo aquello por lo que han trabajado mientras mayor sea la espera de una resolución mayor es la angustia.

- **La afectación generada en la situación jurídica de la persona involucrada en el proceso**: los litigios judiciales son desgastantes para las personas de manera económica, emocional, física y psicológica, especialmente en México, pues la justicia mexicana se mueve a pasos de tortuga, si el paso del tiempo incide de manera relevante en la situación jurídica del individuo, resultará necesario que el procedimiento avance con mayor diligencia a fin de que el caso se resuelva en un tiempo breve[90], principalmente en casos que involucran la privación de su libertad por mencionar un ejemplo, pensemos de la siguiente manera, si se le dicta a una persona una prisión preventiva oficiosa y el procedimiento se dilata por 3 años sin recibir una sentencia sea condenatoria o absolutoria, la persona ya perdió 3 años de su vida en libertad, si recibe una sentencia absolutoria por parte del Estado no hay una restitución y si se le condena mediante una sentencia esos 3 años de su vida no se le toman en consideración.

Organismos como la Corte Interamericana han reafirmado que todos los órganos jurisdiccionales que tengan un carácter administrativo o no jurisdiccional, tienen el deber de adoptar decisiones que resulten justas basadas en el respeto a las garantías del debido proceso[91]. Los órganos internacionales han señalado que para determinar la razonabilidad del plazo, se debe tener en consideración lo establecido en el "análisis global del procedimiento", y consiste en analizar el caso sometido a litigio de acuerdo a las particularidades que representa, para determinar si un transcurso excesivo de tiempo resulta justificado o no, téngase en consideración que dentro del plazo razonable se siguen los elementos de normalidad, razonabilidad,

---

90 Cfr. Corte IDH. Caso Guzmán Albarracín y otras Vs. Ecuador. Fondo, Reparaciones y Costas. Sentencia de 24 de junio de 2020. Serie C No. 405, Párrafo 185.

91 Cfr. Corte IDH. Caso Ivcher Bronstein Vs. Perú. Fondo, Reparaciones y Costas. Sentencia de 6 de febrero de 2001. Serie C No. 74, párr. 104.

proporcionalidad y necesidad, para señalar si dentro del juicio existe un retardo injustificado, ya que una demora prolongada, sin justificación, puede constituir, por sí misma, una violación a las garantías judiciales, de esta manera el plazo razonable es un derecho mínimo de los justiciable y uno de los deberes más intensos del juzgador[92]. Conforme a lo planteado con anterioridad se debe tener en consideración que los procedimientos judiciales son un todo, los cuales se miden y evalúan de momento a momento, lo cual incluye las decisiones de los tribunales de apelación y la observancia de los criterios de los tribunales internacionales[93], de la misma manera, se debe incluir la actuación de los abogados postulantes con la finalidad de que pueda existir una adecuada sinergia en la protección de los derechos de los gobernados dentro de los procedimientos judiciales, la cual pueda verse reflejada en la práctica de los abogados postulantes y las actuaciones de los abogados postulantes, una buena resolución o sentencia no es aquella que es favorable a las pretensiones de los gobernados, sino en la cual queda establecida que durante todo el procedimiento no hubieron violaciones a los derechos humanos del gobernado de ninguna forma por parte de la autoridad y en todo momento se vigiló le *principio pro persona* y los controles de convencionalidad y constitucionalidad, de esta manera dichas resoluciones podríamos catalogarlas como justas.

Sugerencia: Si Usted pretende hacer valer esta excepción tenga en cuenta que el retardo injustificado obedece a criterios procesales específicos, así como, excepciones establecidas en la jurisprudencia interamericana, por lo que tendría que tener muy bien especificado las fechas y el cómputo de los plazos, antes de acudir al sistema interamericano.

Sugerencia: Sí Usted como agente del Estado pretende utilizar como argumentación jurídica las excepciones jurisprudenciales al plazo razonable, ponga especial énfasis en cada una de ellas y mantenga una argumentación congruente, apóyese de estadísticas, inter-

---

92 Tesis aislada de registro 2002350 [diciembre 2012] https://sjf2.scjn.gob.mx/detalle/tesis/2002350

93 Cfr. Corte IDH. Caso Bámaca Velásquez Vs. Guatemala. Fondo. Sentencia de 25 de noviembre de 2000. Serie C No. 70. Párr. 189.

pretaciones legales, constitucionales y jurisprudenciales que permitan establecer una conexión entre los criterios interamericanos y su derecho interno. Si la oportunidad lo amerita céntrese en establecer la doctrina *the lost chance* para demostrar que no hubo un conocimiento técnico por parte de quien lleva la representación de las o los peticionarios y víctimas, y que principios como la suplencia de la queja si bien se utilizan para salvaguardar los derechos humanos de los gobernados, ello no implica que forzosamente deba dictarse sentencia favorable a sus intereses, refuerce sus alegatos con ejercicios de ponderación basados en el análisis general del contexto. Entendiendo que el "contexto" no como un contexto político, más bien refiere a que hay normas dentro del derecho internacional considerable como jerárquicamente superiores como son las: a) las prohibiciones de *ius cogens*, b) las obligaciones *erga omnes*, c) las obligaciones que se derivan de la Carta de las Naciones Unidas establecidas en el artículo 103 de dicho instrumento, este a la letra señala: "En caso de conflicto entre las obligaciones contraídas por los Miembros de las Naciones Unidas en virtud de la presente Carta y sus obligaciones contraídas en virtud de cualquier otro convenio internacional, prevalecerán las obligaciones impuestas por la presente Carta"[94], es decir, si en un caso concreto una obligación de fuente internacional se contrapone con un mandato establecido en alguna de estas normas superiores, la inobservancia de la primera no conllevará la responsabilidad del Estado, por lo que, en muchos sistemas se debe buscar el inaplicar aquella norma que resulte contraria los derechos humanos, no obstante, los sistemas deben privilegiar las interpretaciones que armonicen distintas disposiciones normativas, de forma que se asegure la satisfacción de los derechos y el cumplimiento de las obligaciones, pues la interpretación de los tratados es de buena fe[95], además de ser una función diplomática para evitar conflictos. De esta manera el orden jurídico internacional rechaza, al menos en principio, las soluciones abstractas o fuera de contexto, sobre la validez o invalidez de ciertas disposiciones jurídicas, por lo cual los principios de temporalidad o especialidad funcionan de manera distinta que en muchos órdenes jurídicos nacionales, las normas especiales como son los tra-

94 Carta de las Naciones Unidas.

95 Convención de Viena sobre el derecho de los tratados artículo 31

tados internacionales forman parte de lo que se denomina como un sistema "auto contenido", es decir, los Estados que las han adoptado deben siempre interpretarse a la luz de un contexto político-jurídico más amplio, determinado por otras normas especiales y, en particular, por el propio derecho internacional público general. Siendo así tenga en consideración que la CADH en su artículo 29 señala:

Ninguna disposición de la presente Convención puede ser interpretada en el sentido de:

> a) permitir a alguno de los Estados partes, grupo o persona, suprimir el goce y ejercicio de los derechos y libertades reconocidos en la Convención o limitarlos en mayor medida que la prevista en ella;
> b) limitar el goce y ejercicio de cualquier derecho o libertad que pueda estar reconocido de acuerdo con las leyes de cualquiera de los Estados partes o de acuerdo con otra convención en que sea parte uno de dichos Estados;
> c) excluir otros derechos y garantías que son inherentes al ser humano o que se derivan de la forma democrática representativa de gobierno, y
> d) excluir o limitar el efecto que puedan producir la Declaración Americana de Derechos y Deberes del Hombre y otros actos internacionales de la misma naturaleza.

En ese sentido se debe: 1) dotar de contenido los derechos y limitar sus restricciones, 2) consolidar los principios de interpretación particularmente relevantes para los tratados en materia de derechos humano. Por lo cual, la carga argumentativa la poseen los tribunales nacionales, para este momento que el asunto ha llegado a una instancia internacional, una buena idea sería que como Estado se le encargará al ministro o magistrado presidente del máximo tribunal de legalidad y constitucional (Suprema Corte de Justicia de la Nación), la interpretación armónica del asunto, así como del fallo, a fin de demostrar que existió un control de convencionalidad para demostrar que la interpretación fue armónica. Siendo así, la propia Corte Interamericana en una interpretación armónica del artículo 29 de la CADH y 31 de la Convención de Viena sobre el Derecho de los Tratados, se estableció:

- **La interpretación armónica o sistemática**, la cual señala un vínculo o solo con las normas internas de cada sistema regional, sino que se expande a una visión más amplia e integral del derecho internacional de los derechos humanos utilizando los principios yacentes, o subyacentes o suprayacentes en otros instrumentos internacionales, en los propios ordenamientos internos y en las tendencias vigentes en materia de derechos humanos, todos los cuales se encuentran en alguna medida incorporados a la CADH[96]. Lo anterior a fin de lograr una estandarización entre el sistema interamericano y el sistema interno[97].

- **La interpretación evolutiva,** mediante la cual los tratados internacionales si bien se apegan a las reglas establecidas en el artículo 31 de la Convención de Viena sobre el Derecho de los Tratados, puede afirmarse que para las normas de tipo convencional, requieren ser interpretadas conforme a su propia naturaleza, de tal forma que los compromisos allí establecidos puedan adaptarse en todo momento a la realidad del grupo social donde se aplican[98].
- **La interpretación consensual,** la interpretación de los tratados internacionales es claramente coincidente con la doctrina del "propósito emergente", según la cual "el objeto y fin que determina la verdadera interpretación de un tratado serán aquéllos que existan al momento de la interpretación, no al momento de su conclusión[99].

---

96 Cfr. Corte IDH. Propuesta de modificación a la Constitución Política de Costa Rica relacionada con la naturalización. Opinión Consultiva OC-4/84 de 19 de enero de 1984. Serie A No. 4.

97 Cfr. Corte IDH. Caso Fernández Ortega y otros Vs. México. Excepción Preliminar, Fondo, Reparaciones y Costas. Sentencia de 30 de agosto de 2010. Serie C No. 215, Párrafo 256.

98 Corte IDH. Caso Benites Cabrera y otros Vs. Perú. Excepciones Preliminares, Fondo, Reparaciones y Costas. Sentencia de 4 de octubre de 2022. Serie C No. 465., Párrafo 110.

99 Bernhardt R (1999) "Evolutive treaty interpretation, especially of the European Convention of Human Rights". German Yearbook of International Law, vol. 42, pp. 23-26 Distefano G (2011) L'interprétation evolutive de la norme internationale. Revue Générale de Droit International Public. Tomo 115, núm. 2, p. 381. Corte IDH. Caso de la Comunidad Mayagna (Sumo) Awas Tingni Vs. Nicaragua. Fondo, Reparaciones y Costas. Sentencia de 31 de agosto de 2001. Serie C No. 79. Corte IDH. Caso de la "Masacre de Mapiripán" Vs. Colombia. Sentencia de 15 de septiembre de 2005. Serie C No. 134. Corte IDH. Caso Atala Riffo y niñas Vs. Chile. Fondo, Reparaciones y Costas. Sentencia de 24 de febrero de 2012. Serie C No. 239.

- **La interpretación expansiva,** consiste en ampliar el contenido de la protección del derecho al momento de ser aplicado y evitar así su restricción injustificada, se analiza desde dos perspectivas.: 1) Los derechos fundamentales tiene una posición preferente y poseen una fuerza expansiva en el Estado constitucional de derecho, tales efectos se vuelven extensivos en la actuación de los poderes públicos, como en la elaboración, aplicación e interpretación del resto de las normas del ordenamiento jurídico. 2) Efecto amplificador de la protección de los derechos fundamentales en particular, de tal manera que se asegura no sólo un efecto útil, sino extensivo en su radio de protección al individuo[100]. Todo lo anterior con la finalidad de ampliar el catálogo de los derechos fundamentales previstos en la Constitución aplicando la interpretación integradora e identificando las normas implícitas, lo cual involucra directamente a los tratados en materia de derechos humanos, para fijar los límites a la labor legislativa del Estado que impone restricciones al ejercicio de los derechos fundamentales[101], es decir, al momento de crear una norma no solamente se tiene en consideración lo establecido en el plano constitucional, también en el plano convencional y la interpretación que se haga del último.

Es importante destacar que la interpretación realizada en el sistema interamericano de derechos humanos, se fundamenta en privilegiar una interpretación, lógica, armónica, sistemática, frente a posibles conflictos normativos, lo cual permite transformar el sistema jurídico al dar una preferencia natural a debates de principios, prácticas y métodos de interpretación, antes que los criterios de selección normativa y de solución de antinomias.

Sugerencia: Tenga en consideración realizar litigio estratégico cuando su asunto involucre una violación a los derechos humanos,

---

100 Gonzalo Aguilar Cavallo (2016) Principios de interpretación de los derechos fundamentales a la luz de la jurisprudencia chilena e internacional. Scielo. Bol. Mex. Der. Comp. vol. 49 no.146 Ciudad de México may./ago.

101 Arias Ruelas, S F, (2011)La reforma constitucional de derechos humanos y la transversalización de los derechos", *Revista IUS*, año V, núm. 28, julio-diciembre, pp. 70.

uno de los puntos fuertes para lograr su pretensiones es a través de la presión mediática usando para ello las redes sociales, o bien sumando esfuerzo con asociaciones civiles para impulsar manifestaciones sociales en las cuales demuestre la inconformidad por alguna acción, omisión o norma que afecte la esfera jurídica, siempre que pueda ser catalogada como una desobediencia civil, o, como un refuerzo a la estrategia jurídica, con ello se obtener resultados que resulten favorables, pues el gobierno lo último que desea es ser expuesto.

Nota reflexiva: La ingeniería jurídica consagrada dentro de los casos vinculados con derechos humanos y la normatividad estatal deriva principalmente de una actitud de los ciudadanos de desobediencia, desconfianza o simplemente negligencia frente al cumplimiento de las normas del derecho oficial. Si bien las dos primeras pueden estar relacionadas con la tesis de Radbruch sobre la desobediencia al derecho si este es injusto, mientras que la última atiende a un desafió del propio ciudadano al sistema jurídico. Considérese que la aplicación de ciertas normas perjudica en mayor medida a los derechos que se pretenden salvaguardar, esto se debe a que en ocasiones la ley resulta ser poco clara, la cual genera una penumbra jurídica. En materia jurídica Europa y América se encuentran hermandas, el concepto de ciudadanía le fue arrebatado una cultura de cumplimiento de la ley, defensa y protección de los derechos ciudadanos, hoy tanto los ciudadanos europeos como los americanos desean un mayor cumulo de libertades, pero no así de las obligaciones[102].

A fin de comprender mejor los procedimientos ante la CIDH se proporciona como material de apoyo los siguientes esquemas que permitirán apreciar de una manera lúdica como son los procedimientos descritos en este apartado.

Tramite inicial y procedimiento de admisibilidad CIDH

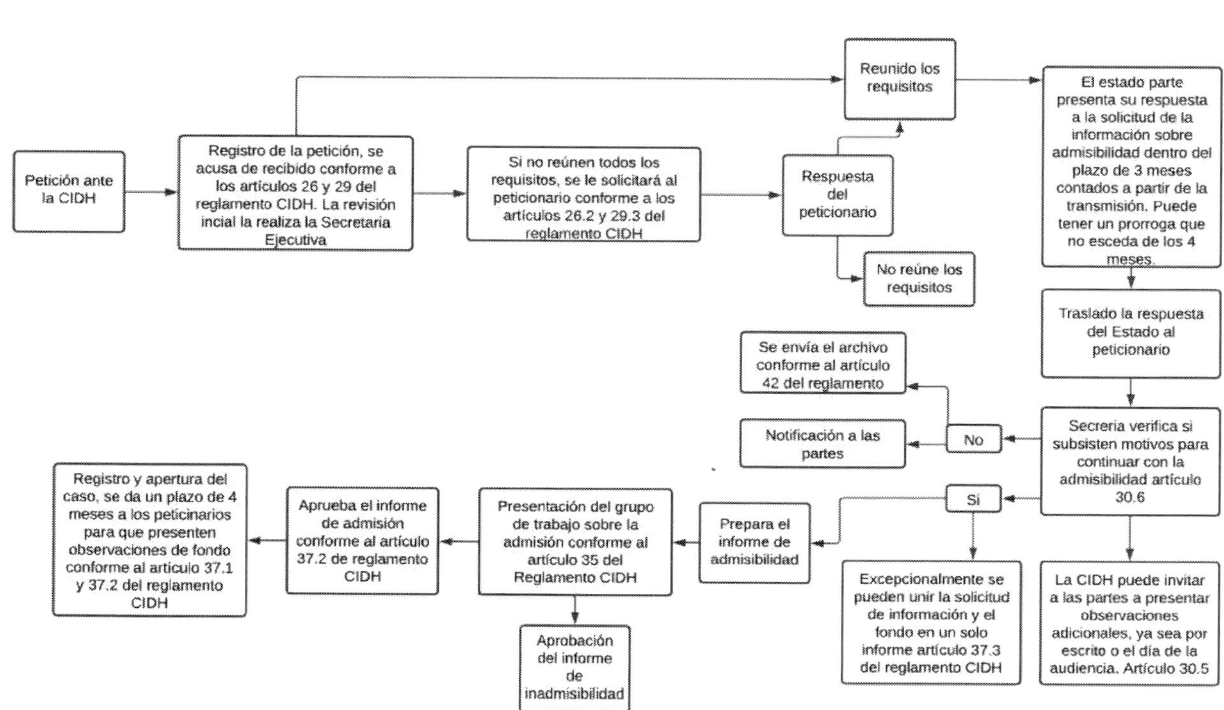

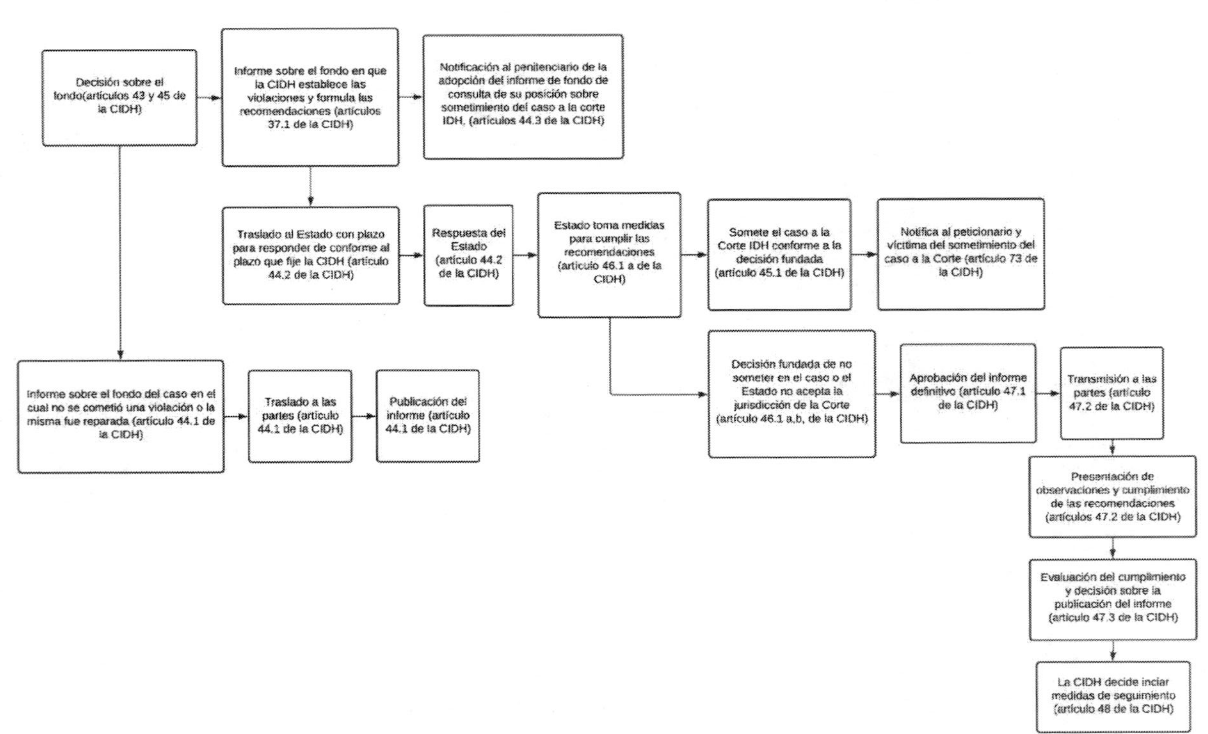
Desición sobre el fondo y sometimiento del caso a la CIDH
Decisión sobre el fondo(artículos 43 y 45 de la CIDH)
Informe sobre el fondo en que la CIDH establece las violaciones y formula las recomendaciones (artículos 37.1 de la CIDH)
Notificación al penitenciario de la adopción del informe de fondo de consulta de su posición sobre sometimiento del caso a la corte IDH, (artículos 44.3 de la CIDH)
Traslado al Estado con plazo para responder de conforme al plazo que fije la CIDH (artículo 44.2 de la CIDH)
Respuesta del Estado (artículo 44.2 de la CIDH)
Estado toma medidas para cumplir las recomendaciones (artículo 46.1 a de la CIDH)
Somete el caso a la Corte IDH conforme a la decisión fundada (artículo 45.1 de la CIDH)
Notifica al peticionario y víctima del sometimiento del caso a la Corte (artículo 73 de la CIDH)
Informe sobre el fondo del caso en el cual no se cometió una violación o la misma fue reparada (artículo 44.1 de la CIDH)
Traslado a las partes (artículo 44.1 de la CIDH)
Publicación del informe (artículo 44.1 de la CIDH)
Decisión fundada de no someter en el caso o el Estado no acepta la jurisdicción de la Corte (artículo 46.1 a,b, de la CIDH)
Aprobación del informe definitivo (artículo 47.1 de la CIDH)
Transmisión a las partes (artículo 47.2 de la CIDH)
Presentación de observaciones y cumplimiento de las recomendaciones (artículos 47.2 de la CIDH)
Evaluación del cumplimiento y decisión sobre la publicación del informe (artículo 47.3 de la CIDH)
La CIDH decide inciar medidas de seguimiento (artículo 48 de la CIDH)

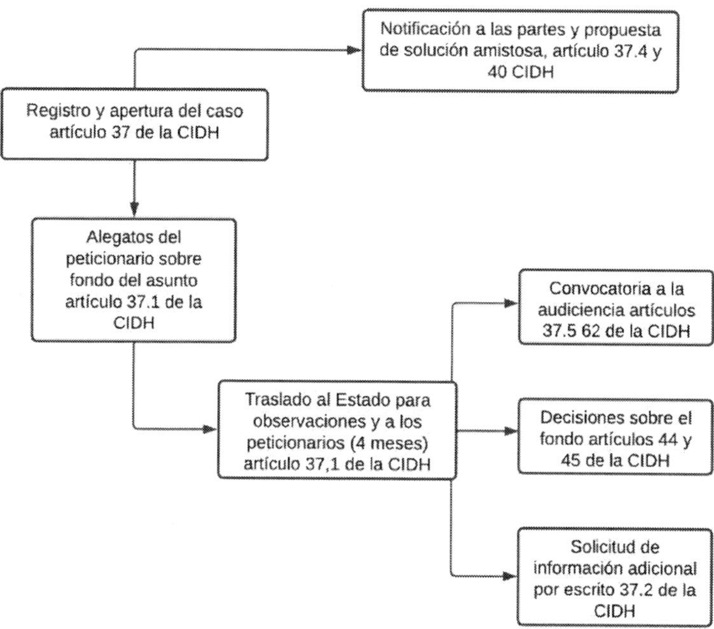
Procedimiento sobre Fondo
Notificación a las partes y propuesta de solución amistosa, artículo 37.4 y 40 CIDH
Registro y apertura del caso artículo 37 de la CIDH
Alegatos del peticionario sobre fondo del asunto artículo 37.1 de la CIDH
Convocatoria a la audiciencia artículos 37.5 62 de la CIDH
Traslado al Estado para observaciones y a los peticionarios (4 meses) artículo 37,1 de la CIDH
Decisiones sobre el fondo artículos 44 y 45 de la CIDH
Solicitud de información adicional por escrito 37.2 de la CIDH

Procedimiento de solución amistosa

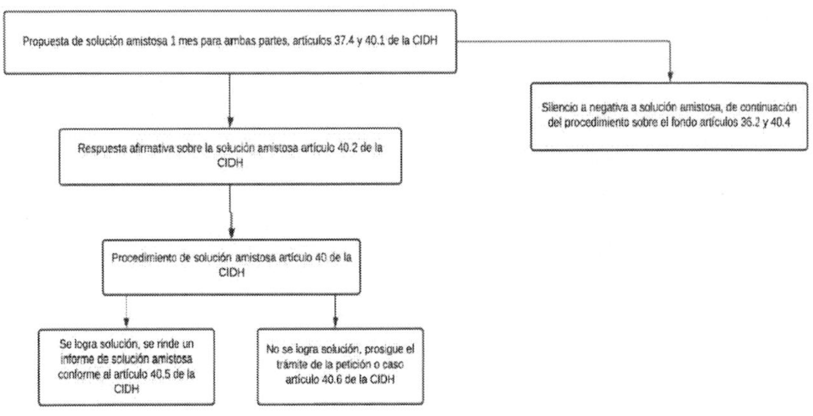

V. MEDIDAS CAUTELARAS DICTADAS POR PARTE DE LA COMISIÓN INTERAMERICANA DE DERECHOS HUMANOS

Las medidas cautelares, medidas provisionales, providencias precautorias dentro del sistema interamericano de derechos humanos tienen el propósito principal de prevenir y asegurar que no se genere un daño de tipo irreparable sobre los derechos humanos de las posibles víctimas y sus familiares. Una definición simple sobre lo que son estas es aquella que establece la Convención Interamericana sobre Cumplimiento de Medidas Cautelares, definen a las medidas cautelares, la cual a la letra señala:

> Artículo 1. [...] todo procedimiento o medio que tienda a garantizar las resultas o efectos de un proceso actual o futuro en cuanto a la seguridad de las personas, de los bienes o de las obligaciones de dar, hacer o no hacer una cosa específica, en procesos de naturaleza civil, comercial, laboral y en procesos penales en cuanto a la reparación civil[103].

Estas medidas tienen su fundamento en los artículos 106 de la Carta de la Organización de los Estados Americanos, 41.b de la Convención Americana sobre Derechos Humanos, 18.b del Estatuto de la Comisión y XIII de la Convención Interamericana sobre Desaparición Forzada de Personas, véase la consagración de cada uno de estas.

Carta de la Organización de los Estados Americanos.	**Convención Americana sobre Derechos Humanos**	**Estatuto de la CIDH**	**Convención Interamericana sobre Desaparición Forzada de Personas**
Artículo 106 Habrá una Comisión Interamericana de Derechos Humanos que tendrá, como función principal, la de promover la observancia y la defensa de los derechos humanos y de servir como órgano consultivo de la Organización en esta materia. Una convención interamericana sobre derechos humanos determinará la estructura, competencia y procedimiento de dicha Comisión, así como los de los otros órganos encargados de esa materia.	**Artículo 41** La Comisión tiene la función principal de promover la observancia y la defensa de los derechos humanos, y en el ejercicio de su mandato tiene las siguientes funciones y atribuciones: [...] b) formular recomendaciones, cuando lo estime conveniente, a los gobiernos de los Estados miembros para que adopten medidas progresivas en favor de los derechos humanos dentro del marco de sus leyes internas y sus preceptos constitucionales, al igual que disposiciones apropiadas para fomentar el debido respeto a esos derechos; [...]	**Artículo 18** Respecto a los Estados miembros de la Organización de los Estados Americanos, la Comisión tiene las siguientes atribuciones: [...] b. formular recomendaciones a los gobiernos de los Estados para que adopten medidas progresivas en favor de los derechos humanos, dentro del marco de sus legislaciones, de sus preceptos constitucionales y de sus compromisos internacionales, y también disposiciones apropiadas para fomentar el respeto a esos derechos; [...]	**Artículo XIII** Para los efectos de la presente Convención, el trámite de las peticiones o comunicaciones presentadas ante la Comisión Interamericana de Derechos Humanos en que se alegue la desaparición forzada de personas estará sujeto a los procedimientos establecidos en la Convención Americana sobre Derechos Humanos, y en los Estatutos y Reglamentos de la Comisión y de la Corte Interamericana de Derechos Humanos, incluso las normas relativas a medidas cautelares.

La CIDH podrá de manera oficiosa o bien a solicitud de parte, pedir que el Estado adopte estas medidas cautelares, para la protección de las personas que se encuentren involucradas dentro un procedimiento ante el sistema interamericano. El fin último de las medidas es garantizar que no se genere un daño de tipo irreparable o bien que sean situaciones graves y de urgencia para la preservación de un derecho. Téngase en consideración que al tratarse de medidas asegurativas se pueden dictar antes o durante la tramitación del procedimiento[104]. Bajo esa tesitura es pertinente señalar que las medidas cautelares se rigen bajo una serie elementos que a continuación se presentan:

- **Provisionalidad:** Pueden decretarse antes o durante el proceso principal y permanecen hasta la conclusión de éste, las medidas cautelares poseen efectos provisorios, lo cual implica que tienen una duración limitada sus efectos conforme al periodo de tiempo en que transcurrirá entre la ejecución de la medida cautelar y la sentencia definitiva[105].
- **Instrumentalidad:** Refiere a que las medidas cautelares pueden dictarse antes o durante el proceso principal, por lo cual estas siguen la suerte de lo principal. Las medidas cautelares pueden solicitarse u obtenerse cuando se ha incoado el proceso principal o con carácter previo a su inicio, pero condicionando la eficacia y pervivencia de las medidas a que la demanda se presente en un determinado plazo.
- **Celeridad:** Finalidad, las medidas cautelares deben tramitarse y dictarse en plazos muy breves, a través de un procedimiento meramente informativo, sumario y, en general, sin audiencia de la parte demandada.
- **Flexibilidad:** Juzgador dicta medidas cautelares, evalúa las circunstancias que rodean a su solicitud, mismas que pueden variar durante el desarrollo del proceso, por lo cual las medidas pueden modificarse cuando varíen las circunstancias sobre las que se apoyan, de tal manera que el juzgador puede levantarla

---

[104] Betanzos Torres E.O y Franco Rodríguez M.J (2021) Estado actual del Sistema Interamericano de Derechos Humanos. Medidas cautelares. Tirant lo Blanch. México.

[105] Calamandrei, Piero (2011) Introducción al estudio sistemático de las providencias cautelares, España, Lex.

de oficio o bien a petición de parte, si se prueba que el peligro a desaparecido.

- **Jurisdiccionalidad:** Disponer y ejecutar una medida cautelar forma parte de las facultades intrínsecas al ejercicio de la potestad jurisdiccional, señálese que las medidas cautelares son parte de los derechos al debido proceso y el acceso a la justicia. Los tribunales y juzgadores para ordenar y ejecutar dichas medidas, deben contar con jurisdicción y competencia, recordando que estas últimas pueden ser en razón de la persona, el tiempo, el lugar y la materia[106].
- **Adecuación a la situación jurídica cautelable:** Es la situación jurídica para cuyo aseguramiento o efectividad se requiere la medida cautelar, es decir, la acción que constituye el objeto del proceso principal. El presupuesto de toda medida cautelar es que exista una adecuación entre la medida cautelar solicitada y el objeto del proceso principal.

Para la solicitud de la medida cautelar basta con demostrar la apariencia de la existencia del derecho (*fumus boni iuris*), así como, el peligro de perder dicho derecho si existe una demora (*periculum in mora*) o una situación que ponga en peligro el mismo[107].

La denominación *fumus boni iuris* es la apreciación provisional que el juzgador hace de la adecuación a derecho de las pretensiones de las partes, esto es, una mirada rápida al fondo del asunto para determinar quién tiene una mejor legitimación ad causa, conforme a esa apariencia de razón fundada existe un cierto grado de probabilidad serio que se refiere tanto a la existencia del derecho como a la existencia de una lesión o frustración que da origen a la adopción de las medidas. Así mismo el denominado *periculum in mora* o peligro en la demora consiste en la posible frustración de los derechos del promovente de la medida, como consecuencia de la tardanza en el

---

106 Quiroga León, A (2011) "La actualidad del proceso cautelar y su modificación en el Código Procesal Civil", Themis, Revista de Derecho, no. 59, Lima, Perú, pp. 281-284.

107 Calamandrei, Piero Op. cit. 33.

dictado de la resolución de fondo[108], pues se teme que durante el proceso se cause un daño que resulte irreparable a su esfera jurídica, bajo esa premisa es posible decir que en el sistema interamericano de derechos humanos las medidas cuatelares dictadas por la comisión funcionan de manera similar a la suspensión provisional en materia de amparo en México.

En México durante los últimos dos años, es decir, de 2020 a 2022 ha disminuido de manera considerable el número de peticiones de medidas cautelares solicitadas, en contraposición al número de medidas otorgadas. En 2020 se solicitaron 183 medidas cautelares se otorgaron 11, en 2021 se solicitaron 170 medidas cautelares se otorgaron 44, en 2022 se solicitaron 138 medidas cautelares se concedieron 25[109]. Esto puede ser interpretado como las dos caras de la misma moneda, pues bien puede decirse que existe una fluctuación en el incremento y otorgamiento de las medidas cautelares, así como, que el Estado está atendiendo de manera más ágil las posibles violaciones a los derechos humanos y salvaguardando de mejor manera las mismas.

Dentro del sistema interamericano para proceder al dictado de las mismas es propio señalar las medidas cautelares, deben presentarse por escrito y contar con los elementos de forma establecidos en el artículo 25 del reglamento del CIDH los cuales son:

1) Los datos de contacto de la persona, grupo de personas u organización no gubernamental que solicitan las medidas cautelares, en este punto el peticionario puede si lo desea solicitar que su identidad no sea revelada.

2) La determinación de la persona o grupo de personas propuestas como beneficiarias de las medidas y sus datos de contacto.

3) La descripción detallada y cronológica de los hechos que sustentan la solicitud y cualquier otra información disponible, a fin de determinar si existe una situación que sea de gravedad

---

[108] Betanzos Torres E.O y Franco Rodríguez M.J (2021) Estado actual del Sistema Interamericano de Derechos Humanos. Medidas cautelares. Tirant lo Blanch. México.

[109] CIDH https://www.oas.org/es/cidh/multimedia/estadisticas/estadisticas.html

extrema, urgencia o que pueda causar un daño de tipo irreparable o de difícil reparación.

4) La descripción de las medidas de protección solicitada.

5) Indicar si ya se ha presentado una petición ante la CIDH señalar la petición y su número.

Es importante señalar que para el otorgamiento de la medida cautelar se debe tener un escrito que contenga una narración clara, completa y detallada de los hechos, así como adjuntar los medios de prueba razonable de su veracidad (en este punto la CIDH es laxa en cuanto a las pruebas) y describir la medida de protección que solicita. La comisión interamericana puede solicitar información al Estado para tomar la decisión respecto al otorgamiento de las medidas cautelares, salvo cuando la inmediatez del daño potencial no admita demora. En dicha circunstancia, la Comisión revisará la decisión adoptada lo más pronto posible o, a más tardar, en el siguiente período de sesiones, teniendo en cuenta la información aportada por las partes[110].

Para que proceda el otorgamiento de las medidas cautelares la CIDH debe tener en consideración los siguientes puntos:

> Artículo 25.6
> a) si se ha denunciado la situación de riesgo ante las autoridades pertinentes, o los motivos por los cuales no hubiera podido hacerse.
> b) la identificación individual de los propuestos beneficiarios de las medidas cautelares o la determinación del grupo al que pertenecen o están vinculados; y
> c) la expresa conformidad de los potenciales beneficiarios, cuando la solicitud sea presentada por un tercero, salvo en situaciones en las que la ausencia de consentimiento se encuentre justificada.

En el sistema interamericano la solicitud de la medida cautelar se puede hacer en el mismo momento en que se presenta la petición del caso ante la CIDH, o bien en cualquier otro momento, como lo es durante las visitas in loco que hace la comisión Interamericana y durante la etapa de supervisión del informe de fondo.

---

110 Artículo 25.5 del Reglamento de la CIDH.

Las medidas cautelares no son permanentes se evalúan con periodicidad para determinar si las mismas continúan vigentes, se modifican o si deben levantarse. El Estado conforme a la petición fundada puede solicitar a la CIDH que se levanten las medidas cautelares, para ello deberá demostrar que la situación mejoró. La CIDH podrá levantara después de hacer un examen de manera conjunta, es decir, tomando en consideración la petición del Estado y las observaciones que los beneficiarios puedan dar de la petición, hasta en tanto no se resuelva sobre el levantamiento de las medidas cautelares estas continúan vigentes[111].

¿Cuáles son las condiciones concurrentes que deben existir para el dictado de las medidas cautelares?

R= Son 1) extrema gravedad, 2) urgencia, 3) evitar que se produzcan daños irreparables conforme al artículo 63.2 de la CADH

¿El dictado de medidas cautelares implica la obtención de una resolución favorable hacia las víctimas y condenatoria para el Estado?

R= No, el dictado y concesión de medidas disciplinarias no prejuzga sobre el asunto.

¿Las medidas cautelares pueden ser solicitadas en cualquier momento del procedimiento ante el sistema interamericano?

R= Sí, pueden ser solicitadas y concedida en cualquier momento hasta antes de dictada la sentencia.

¿Las medidas cautelares de la CIDH, pueden subsistir junto con las medidas provisionales dictadas por la Corte IDH?

R= Sí, ambas medidas pueden subsistir dentro de un mismo asunto, aunque por lo general, en la mayoría de los casos si existen medidas provisionales por parte de la Corte, es porque la CIDH no pudo otorgar las medidas cautelares.

¿Cuándo se levantan las medidas cautelares?

R= Cuando se considera que el peligro inminente ha cesado.

---

111 Ibídem 25.9.

¿Puede señalarse que las medidas cautelares dictadas por la CIDH posee acepciones de carácter inhibitiorio, restitutorio y anticipatorio?

R= Si, pero dependiendo del caso podrá tener una, dos o las tres acepciones. La acepción **Inhibitoria**, tiene un carácter preventivo que se configuran cuando el juez impide el cambio probable de una situación. Es decir, que el acto no se realice pues de realizarse causaría una violación de los derechos humanos alegados los cuales pueden tornarse de difícil o imposible reparación. La **restitutoria**, el juez elimina la modificación ya existente, disponiendo que vuelva al estado anterior, en el caso del sistema interamericano la CIDH, con la medida cautelar busca impedir que la violación cese y modifique la situación jurídica para que el daño no continúe produciéndose. La **anticipatoria**, cuando se anticipa el cambio de la situación, el cual probablemente sería consecuencia de la sentencia de fondo, a fin de garantizar que hasta el momento en que se dicte la sentencia de fondo, los Estados no realicen alguna acción u, omisión que violente los derechos de la persona; doctrinalmente ha existido una confusión en este último punto dentro del sistema interamericano que la CIDH dicte este tipo de medidas no implica que juzgue anticipadamente el asunto, o que forzosamente se tenga que obtener un sentencia favorable o bajo las mismas condiciones en que se dictó la medida cautelar, pues la autoridad interamericana busca resguardar los derechos humanos consagrados en la CADH, mientras se realiza el proceso interamericana y la Corte IDH dicta su sentencia, téngase en cuenta que el otorgar una medida cautelar no desvirtúa la finalidad del proceso, pues no es juzgar de manera anticipada, cuando la Corte IDH dicte la sentencia, el Estado debe enfocarse en cumplir la sentencia con la mayor celeridad y cabalidad, a fin de que se levante la medida cautelar[112].

---

112 Arias Grillo R. (2008) *LA ACTIVIDAD CAUTELAR EN LOS PROCESOS CONSTITUCIONALES DE PROTECCIÓN DE DERECHOS FUNDAMENTALES, CONTROL DE CONSTITUCIONALIDAD Y CONFLICTOS DE COMPETENCIA: Especial referencia al ordenamiento jurídico costarricense.* Revista de Ciencias Jurídicas N° 116 recu-

¿Pueden tener las medidas cautelares dictadas por la CIDH son aplicables para la preservación de las denominadas libertades civiles y políticas?

R= No. Las medidas cautelares dictadas por la CIDH sirven para proteger cualquier tipo de derecho humano sea de forma individual o de manera colectiva, propias de un interés jurídico o un interés legítimo.

¿Las medidas cautelares de la CIDH requieren de una caución o fianza por parte del solicitante para llevarse a cabo?

R= No. En el derecho internacional de los derechos humanos, ni el solicitante de las medidas cautelares ni los beneficiarios de éstas deben prestar una caución para que se ejecuten las medidas.

¿En el sistema interamericano las medidas cautelares dictadas por la CIDH pueden ser a petición de parte y de oficio?

R= Sí. En el sistema interamericano la CIDH puede dictar las medidas cautelares a petición de parte, o bien, de manera oficiosa cuando se trate de violaciones de extrema gravedad y urgencia, ya sea para los denunciantes o a testigos o peritos relacionados con el caso conforme al artículo 63 de la CADH.

¿Se considera que las medidas cautelares ponen una situación ventajosa a las presuntas víctimas o peticionarios?

R= No, más bien se trata de un equilibrio entre las partes, téngase en cuenta que en el derecho internacional de los derechos humanos, el cual es con el que opera el sistema interamericano, las partes son la persona y el Estado, teniendo este último toda una infraestructura legal y administrativa que una persona física o grupo no posee, siendo así el dictado y adopción de estas medidas establece una reciprocidad en el derecho internacional público[113].

---

perado de chrome-extension://efaidnbmnnnibpcajpcglclefindmkaj/https://www.corteidh.or.cr/tablas/r23099.pdf

113 Cfr. Corte IDH Resolución de 7 de septiembre de 2001, Caso del Periódico "La Nación", Medidas provisionales respecto de Costa Rica, considerando 4 recuperado de chrome-extension://efaidnbmnnnibpcajpcglclefindmkaj/https://www.

¿Qué pasa si por razones de peligro, riesgo inminente o gravedad extrema, tuve que salir con mis familiares del país de origen en calidad de asilado o refugiado, puedo solicitar las medidas cautelares?

R= No, porque Usted al salir del país en dicha calidad la situación de peligro ha cesado y se encuentra bajo la tutela y protección de un Estado receptor.

¿Qué pasa si por la cantidad de presuntas víctimas y/o personas que necesiten de las medidas cautelares resulta difícil identificarlas o proporcionar sus datos de contacto, se deja insubsistente?

R= La respuesta a este cuestionamiento resulta ser interesante, si bien, probablemente la CIDH, al no tener los elementos suficientes para individualizar a cada una de las personas que requieren de las medidas, tendrá que proporcionar toda la información posible a la Corte IDH para que le sea posible determinarlas y brindarles la protección que necesiten[114].

Sugerencia: Si Usted planea solicitar la medida cautelar, de manera preferencial hágalo cuando presente la solicitud del caso ante la CIDH, lo anterior por cuestión de economía procesal, y de igual manera es mucho mejor tener un medio de protección lo antes posible, a fin de que se produzcan daños de tipo irreparables a las personas y sus derechos.

Sugerencia: Recuerde que la adopción de las medidas provisionales deben ser taxativas y concurrentes al momento de solicitarlas, así mismo, estos mecanismos se basan en el principio de subsidiaridad. La Corte IDH y la CIDH toman en consideración la actuación del Estado en su jurisdicción interna. Ja Corte ha establecido que las medidas pro-

---

corteidh.or.cr/docs/medidas/lanacion_se_04.pdf y Corte IDH Resolución de 22 de agosto de 2013 medidas provisionales respecto de la república del PERÚ asunto Wong Ho Wing considerando 5 chrome-extension://efaidnbmnnnibpcajpcglclefindmkaj/https://www.corteidh.or.cr/docs/medidas/wong_se_12.pdf

114 Cfr. Corte IDH Resolución de 12 de noviembre de 2000 Medidas Provisionales solicitadas por la Comisión Interamericana de Derechos Humanos respecto de la República Dominicana Caso de Haitianos y Dominicanos de Origen Haitiano en la República Dominicana, recuperado de chrome-extension://efaidnbmnnnibpcajpcglclefindmkaj/https://www.corteidh.or.cr/docs/medidas/haitianos_se_02.pdf

visionales tienen un carácter no solo cautelar, en el sentido que preservan una situación jurídica, sino fundamentalmente tutelar, pues protegen derechos humanos al evitar daños irreparables a las personas. Respecto al carácter cautelar, las medidas provisionales tienen por objeto y fin preservar los derechos en posible riesgo hasta que se resuelva la controversia. En ese sentido, su objeto y fin son los de asegurar la integridad y la efectividad de la decisión de fondo y de esta manera evitar que se lesionen los derechos en litigio, situación que podría hacer inocua o desvirtuar el efecto útil de la decisión final. Las medidas provisionales permiten así que el Estado en cuestión pueda cumplir la decisión final y, en su caso, proceder a las reparaciones ordenadas[115]. La adopción de medidas provisionales no implica una decisión sobre el fondo de la controversia existente en el presente caso, ni prejuzga la responsabilidad estatal en los hechos denunciados[116], más bien las medidas son un medio de aseguramiento de los derechos.

Sugerencia: Si Usted como agente del Estado quiere argumentar la imposibilidad del otorgamiento de estas medidas de protección, se sugiere que primero revise si a partir de que el caso llegó a la CIDH la situación jurídica de la persona cambió. Tenga en consideración que a pesar de existir un agotamiento de recursos internos de acepción vertical, puede ser que exista la acepción horizontal y que todavía existan recursos que se encuentren en conocimiento de los tribunales constitucionales, el hecho de que se promoviese un recurso debido a una situación de naturaleza extraordinaria y se encuentre pendiente de resolución hace que no se cumplan los requisitos de extrema gravedad, urgencia ni de daño irreparable[117].

Capítulo III

I. CORTE INTERAMERICANA DE DERECHOS HUMANOS ESTRUCTURA Y ORGANIZACIÓN

La Corte interamericana de Derechos Humanos (Corte IDH) es un tribunal internacional dedicado a la protección internacional de los derechos humanos conforme a los parámetros del derecho internacional de los derechos humanos. La Corte IDH como organismo autónomo tiene como objetivo aplicar e interpretar la Convención Americana de los Derechos Humanos, a través de su función contenciosa y consultiva, aunada a las anteriores la Corte IDH puede dictar medidas provisionales con la finalidad de salvaguardar los derechos humanos de las personas ante situaciones de gravedad extrema, urgencia y la producción de daños que resulten irreparables.

La cede de la Corte IDH actualmente se encuentra en la ciudad de San José Costa Rica, y ejerce su jurisdicción sobre diversos países de Latinoamérica y el Caribe entre los cuales veinte han aceptado la competencia contenciosa de la Corte IDH, mencionándose Argentina, Barbados, Bolivia, Brasil, Chile, Colombia, Costa Rica, Ecuador, El Salvador, Guatemala, Haití, Honduras, México, Nicaragua, Panamá, Paraguay, Perú, República Dominicana, Surinam y Uruguay.

La Corte IDH tiene como documento base la Convención Americana de Derechos Humanos, sin embargo, posee su propio Estatuto y su Reglamento. Este tribunal internacional se compone de siete jueces o juezas de nacionales de los Estados miembros de la OEA, quienes son juristas de la más alta autoridad moral y con reconocida competencia dentro del sistema interamericano, no hay dos jueces de la misma nacionalidad[118]. Su periodo en funciones para el desempeño de su cargo es de seis años con posibilidad de ser elegidos por otros seis[119]. Las personas titulares de la judicatura de este organismo internacional no pueden conocer de casos sobre el país de su nacionalidad, lo anterior para evitar conflictos de intereses. No obstante, en casos interestatales sí es posible que los Estados nombren un juez o jueza *ad-hoc* de la nacionalidad de los Estados involucrados en el caso en cuestión, pero, esto no significa que esos jueces vayan a emitir su fallo en favor del Estado, más bien, están para velar por los intereses de las partes y observar que el desarrollo del proceso se realice de manera efectiva[120].

En la Corte IDH, existen diversos tipos de jueces los cuales se pueden clasificar en tres tipos:

Jueces y juezas titulares: Las personas elegidas para ocupar la titularidad en el organismo interamericano[121].	**Jueces y juezas internos**: Son las personas que tienen los requisitos para ser elegidos como titulares del órgano interamericano, así mismo, son aquellas personas que pueden ser designados por los miembros de la OEA para remplazar a un Juez o Jueza titular que hubiera sido suspendido por la presidencia[122].	**Juez ad hoc**: La persona designada por el Estado a fin de que pueda conocer sobre el caso sometido ante la Corte IDH[123].

Para que el tribunal interamericano pueda sesionar requiere de un quórum de cinco jueces, y la CIDH debe comparecer en todos los casos. La Corte IDH posee a su vez una secretaria encargada de realizar el soporte judicial y administrativo de este organismo, y la persona titular de la Secretaría debe asistir a todas las reuniones de la Corte.

Los únicos que pueden someter un caso ante la Corte IDH, son los Estados partes y la CIDH[124]. Una vez dictada la sentencia por el tribunal interamericano, este tiene la función de supervisar la misma, ello a fin de garantizar su cumplimiento, lo cual conlleva a que: se solicite información al Estado sobre esas actividades que han realizado respecto del cumplimiento de estas, también recaban las observaciones de la CIDH y las victimas o sus representantes para verificar el adecuado cumplimiento de la resolución. Una vez que el Tribunal

121 Artículo 53 y 54 de la CADH.

122 Artículo 6.3 y 19.4 del Estatuto de la Corte IDH.

123 Artículo 55 de la CADH.

cuenta con esa información puede apreciar si hubo cumplimiento de lo resuelto, orientar las acciones del Estado para este fin y cumplir con la obligación de informar a la Asamblea General sobre el estado de cumplimiento de los casos que se tramitan ante ella.

La Corte IDH celebra cada año sus sesiones para su eficaz funcionamiento, en estos periodos de sesiones, la Corte atiende audiencias y resoluciones sobre casos contenciosos, medidas provisionales y supervisión de cumplimiento de sentencias, así como la adopción de sentencias. También la Corte recibe informes de la CIDH, y los escritos de las presuntas víctimas y sus representantes, así como los informes de los Estados. El tribunal internacional en sus periodos de sesiones tiene una participación dinámica entre las partes involucradas dentro del presente caso.

II. FACULTADES Y PROCEDIMIENTOS DE LA CORTE INTERAMERICANA DE DERECHOS HUMANOS

Desde 1979 la Corte Interamericana tiene facultades para conocer sobre las violaciones a los derechos humanos que le sean presentadas por la CIDH. La Corte interamericana decide conforme al derecho internacional de los derechos humanos si existe una responsabilidad internacional por parte del Estado en el incumplimiento de lo dispuesto por la Convención Americana de Derechos Humanos, así mismo, puede interpretar lo establecido en la normatividad mencionada anteriormente, así como de cualquier tratado internacional aplicable en los Estados americanos, con independencia de que sea bilateral o multilateral de cuál sea su objeto principal o de que sean o puedan ser partes del mismo Estados ajenos al sistema interamericano[125].

La Corte Interamericana de derechos humanos posee dos facultades, la primera siendo contenciosa y la segunda consultiva. La función contenciosa le permite resolver los conflictos internacionales que presente la CIDH o los Estados por posibles violaciones a los derechos

125 Cfr. Corte IDH. "Otros tratados" objeto de la función consultiva de la Corte (Art. 64 Convención Americana sobre Derechos Humanos). Opinión Consultiva OC-1/82 de 24 de septiembre de 1982. Serie A No. 1.

humanos, pero, para que la Corte Interamericana pueda entrar en funciones es necesario que el Estado hubiera firmado la CADH y aceptado la competencia contenciosa de la Corte Interamericana. Mientras que la función consultiva conlleva a que el tribunal internacional resuelva las dudas que tengan los Estados y la CIDH, respecto de cómo se debe interpretar la CADH o cualquier otra normatividad relacionada con los derechos humanos en el continente, esto involucra tratados internacionales y leyes internas[126], a partir de estos puntos se crean los denominados controles de convencionalidad concentrado y difuso.

El control concentrado de la Convencionalidad: es propiamente realizado por la Corte Interamericana al tener la competencia otorgada por la Convención para interpretar y aplicar dichos preceptos. La Corte Interamericana al resolver los casos sometidos a su jurisdicción realiza una ponderación de los derechos humanos planteados entre el derecho interno del Estado y las disposiciones del Convención Americana[127].

El control difuso de la Convencionalidad: consiste en el deber de todas las autoridades nacionales de realizar un examen de compatibilidad entre los actos y normas nacionales, y la Convención Americana sobre Derechos Humanos, sus protocolos adicionales, y la jurisprudencia de la Corte que interpreta ese *corpus iuris* interamericano. Dicho control implica reconocer la relevancia y la pertenencia de los tratados internacionales dentro del ordenamiento jurídico[128].

---

126 CADH artículo 64, artículos 71 y 72 del Reglamento de la Corte Interamericana de Derechos Humanos Aprobado por la Corte en su LXXXV Período Ordinario de Sesiones celebrado del 16 al 28 de noviembre de 2009.

127 Cfr. Corte IDH. Caso Cabrera García y Montiel Flores Vs. México. Excepción Preliminar, Fondo, Reparaciones y Costas. Sentencia de 26 de noviembre de 2010. Serie C No. 220. Voto razonado del Juez Ad Hoc Eduardo Ferrer Mac-Gregor Poisot.

128 Ferrer Mac-Gregor, Eduardo,(2012) "Interpretación conforme y control difuso de convencionalidad. El nuevo paradigma para el juez mexicano". En: Ferrer MacGregor, Eduardo (Coord.). El control difuso de convencionalidad. Diálogo entre la Corte Interamericana de Derechos Humanos y los jueces nacionales. México, Fundación Universitaria de Derecho, Administración y Política, pág. 369.

Convención Americana sobre Derechos Humanos	Reglamento de la Corte Interamericana de Derechos Humanos
Artículo 62 1. Todo Estado parte puede, en el momento del depósito de su instrumento de ratificación o adhesión de esta Convención, o en cualquier momento posterior, declarar que reconoce como obligatoria de pleno derecho y sin convención especial, la competencia de la Corte sobre todos los casos relativos a la interpretación o aplicación de esta Convención. 2. La declaración puede ser hecha incondicionalmente, o bajo condición de reciprocidad, por un plazo determinado o para casos específicos. Deberá ser presentada al Secretario General de la Organización, quien transmitirá copias de la misma a los otros Estados miembros de la Organización y al Secretario de la Corte. 3. La Corte tiene competencia para conocer de cualquier caso relativo a la interpretación y aplicación de las disposiciones de esta Convención que le sea sometido, siempre que los Estados partes en el caso hayan reconocido o reconozcan dicha competencia, ora por declaración especial, como se indica en los incisos anteriores, ora por convención especial. **Artículo 63** 1. Cuando decida que hubo violación de un derecho o libertad protegidos en esta Convención, la Corte dispondrá que se garantice al lesionado en el goce de su derecho o libertad conculcados. Dispondrá asimismo, si ello fuera procedente, que se reparen las consecuencias de la medida o situación que ha configurado la vulneración de esos derechos y el pago de una justa indemnización a la parte lesionada.	**Artículo 34. Inicio del proceso** La introducción de una causa de conformidad con el artículo 61.1 de la Convención se hará ante la Secretaría mediante el sometimiento del caso en alguno de los idiomas de trabajo del Tribunal. Presentado el caso en uno sólo de esos idiomas no suspenderá el trámite reglamentario, pero deberá presentarse, dentro de los 21 días siguientes, la traducción al idioma del Estado demandado, siempre que sea uno de los idiomas oficiales de trabajo de la Corte. **Artículo 35. Sometimiento del caso por parte de la Comisión** 1. El caso será sometido a la Corte mediante la presentación del informe al que se refiere el artículo 50 de la Convención, que contenga todos los hechos supuestamente violatorios, inclusive la identificación de las presuntas víctimas. Para que el caso pueda ser examinado, la Corte deberá recibir la siguiente información: a. los nombres de los Delegados; b. los nombres, dirección, teléfono, correo electrónico y facsímile de los representantes de las presuntas víctimas debidamente acreditados, de ser el caso; c. los motivos que llevaron a la Comisión a presentar el caso ante la Corte y sus observaciones a la respuesta del Estado demandado a las recomendaciones del informe al que se refiere el artículo 50 de la Convención; d. copia de la totalidad del expediente ante la Comisión, incluyendo toda comunicación posterior al informe al que se refiere el artículo 50 de la Convención; e. las pruebas que recibió, incluyendo el audio o la transcripción, con indicación de los hechos y argumentos sobre los cuales versan. Se hará indicación de las pruebas que se recibieron en procedimiento contradictorio;

Convención Americana sobre Derechos Humanos	Reglamento de la Corte Interamericana de Derechos Humanos
2. En casos de extrema gravedad y urgencia, y cuando se haga necesario evitar daños irreparables a las personas, la Corte, en los asuntos que esté conociendo, podrá tomar las medidas provisionales que considere pertinentes. Si se tratare de asuntos que aún no estén sometidos a su conocimiento, podrá actuar a solicitud de la Comisión. **Artículo 64** 1. Los Estados miembros de la Organización podrán consultar a la Corte acerca de la interpretación de esta Convención o de otros tratados concernientes a la protección de los derechos humanos en los Estados americanos. Asimismo, podrán consultarla, en los que les compete, los órganos enumerados en el capítulo X de la Carta de la Organización de los Estados Americanos, reformada por el Protocolo de Buenos Aires. 2. La Corte, a solicitud de un Estado miembro de la Organización, podrá darle opiniones acerca de la compatibilidad entre cualquiera de sus leyes internas y los mencionados instrumentos internacionales.	f. cuando se afecte de manera relevante el orden público interamericano de los derechos humanos, la eventual designación de peritos, indicando el objeto de sus declaraciones y acompañando su hoja de vida; g. las pretensiones, incluidas las referidas a reparaciones. 2. Cuando se justificare que no fue posible identificar a alguna o algunas presuntas víctimas de los hechos del caso por tratarse de casos de violaciones masivas o colectivas, el Tribunal decidirá en su oportunidad si las considera víctimas. 3. La Comisión deberá indicar cuáles de los hechos contenidos en el informe al que se refiere el artículo 50 de la Convención somete a la consideración de la Corte. **Artículo 36. Sometimiento del caso por parte de un Estado** 1. Un Estado parte podrá someter un caso a la Corte conforme al artículo 61 de la Convención, a través de un escrito motivado que deberá contener la siguiente información: a. los nombres de los Agentes y Agentes alternos y la dirección en la que se tendrá por recibidas oficialmente las comunicaciones pertinentes; b. los nombres, dirección, teléfono, correo electrónico y facsímile de los representantes de las presuntas víctimas debidamente acreditados, de ser el caso; c. los motivos que llevaron al Estado a presentar el caso ante la Corte; d. Copia de la totalidad del expediente ante la Comisión, incluyendo el informe al que se refiere el artículo 50 de la Convención y toda comunicación posterior a dicho informe; e. las pruebas que ofrece, con indicación de los hechos y argumentos sobre las cuales versan;

Convención Americana sobre Derechos Humanos	Reglamento de la Corte Interamericana de Derechos Humanos
	f. la individualización de los declarantes y el objeto de sus declaraciones. En el caso de los peritos, deberán además remitir su hoja de vida y sus datos de contacto. 2. En los sometimientos estatales de casos a la Corte son aplicables los numerales 2 y 3 del artículo anterior.
	Artículo 71. Interpretación de otros tratados. 1. Si la solicitud se refiere a la interpretación de otros tratados concernientes a la protección de los derechos humanos en los Estados americanos prevista en el artículo 64.1 de la Convención, deberá ser identificado el tratado y las partes en él, las preguntas específicas sobre las cuales se pretende obtener la opinión de la Corte y las consideraciones que originan la consulta. 2. Si la solicitud emana de uno de los órganos de la OEA, se señalará la razón por la cual la consulta se refiere a su esfera de competencia.
	Artículo 72. Interpretación de leyes internas 1. La solicitud de una opinión consultiva presentada de conformidad con el articulo 64.2 de la Convención deberá señalar: a. las disposiciones de derecho interno, así como las de la Convención o de otros tratados concernientes a la protección a los derechos humanos, que son objeto de la consulta; b. las preguntas específicas sobre las cuales se pretende obtener la opinión de la Corte; c. el nombre y la dirección del Agente del solicitante. 2. A la solicitud se acompañará copia de las disposiciones internas a que se refiera la consulta.

De esta manera la Corte IDH en cuanto a su competencia consultiva puede interpretar la CADH y otros tratados internacionales, siempre que tengan una relación directa con los derechos humanos, además puede emitir respuestas sobre las consultas que le hagan sobre las leyes internas de los Estados, a fin de que estas se encuentren en armonía con la CADH.

La Corte Interamericana de derechos humanos puede dictar conforme al artículo 63.3 de la CADH y 27 de su reglamento **medidas provisionales** en casos de extrema gravedad y urgencia, y cuando se haga necesario evitar daños irreparables a las personas, estas medidas deben contener una relación directa con el objeto del caso. La solicitud puede ser presentada a la Presidencia, a cualquiera de los Jueces o a la Secretaría, por cualquier medio de comunicación, puede ser presentada desde el escrito de inicio o bien durante cualquier momento del procedimiento. Recuérdese que este tipo de medidas pueden subsistir junto con las medidas cautelares de la CIDH. La Comisión deberá presentar observaciones al informe del Estado y a las observaciones de los beneficiarios de las medidas o sus representantes. Si lo estima pertinente, la Corte podrá requerir de otras fuentes de información datos relevantes sobre el asunto, que permitan apreciar la gravedad y urgencia de la situación y la eficacia de las medidas. Para los mismos efectos, podrá también requerir los peritajes e informes que considere oportunos. La naturaleza de las medidas provisionales es de manera cautelar, y no prejuzga sobre el caso contencioso.

Los juicios ante la Corte IDH revisten determinadas particulares que se diferencian del proceso del proceso interno, desde una óptica particular el proceso internacional resulta mucho más sencillo en cuanto hace a la valoración de las pruebas, pues si bien es formal, es mucho más flexible, ello sin perder de vista lo que implica la seguridad jurídica y el equilibrio procesal entre las partes. La función de la Corte IDH dentro del derecho internacional de los derechos humanos, consiste en reparar los daños a las víctimas de violaciones a sus derechos humanos, no fijar responsabilidades de tipo penal internacional.

Dentro del derecho internacional y en el sistema interamericano las pruebas pueden ser de iuris tantum y de iuris iure, es decir, pueden ser pruebas de presunción o pruebas directas que no admiten disposición en contrario, por ello la Corte IDH, puede fundar sus decisiones en prueba circunstanciales, tales como los indicios y las presunciones siempre que de ellos puedan inferirse conclusiones sólidas sobre los hecho. La Corte IDH además ha señalado que los tribunales internacionales tienen la potestad de apreciar y valorar las pruebas según las reglas de la sana crítica, no ha establecido una rígida determinación del quantum de la prueba necesaria para fundar un fallo. En ese sentido la recepción y valoración del acervo probatorio no están sujetos a las mismas formalidades que las actuaciones judiciales internas, es decir no deben regirse conforme a las formalidades del derecho interno, y la incorporación de determinados elementos al acervo probatorio debe ser efectuada prestando particular atención a las circunstancias del caso concreto y teniendo presentes los límites que impone el respeto a la seguridad jurídica y al equilibrio procesal de las partes[129], lo anterior es así porque la carga de la prueba resulta más compleja para el Estado, ya que este posee toda una estructura judicial y administrativa que hasta cierto punto le pone en un situación de ventaja ante los representantes de las víctimas, el defensor interamericano y la CIDH, al remitir los últimos a los informes sobre el material recabado y aportado por el Estado para la construcción de sus informes.

La Corte IDH se basa en el uso de la sana crítica como medida para que los jueces puedan llegar a la verdad y la convicción de los hechos alegados. La Corte examinará la admisibilidad de los elementos probatorios documentales remitidos por las partes en diversas oportunidades procesales, las declaraciones, testimonios y dictámenes periciales rendidos mediante declaración jurada ante fedatario público (affidávit) y en la audiencia pública, así como las pruebas para mejor resolver solicitadas por la Corte, y posteriormente los valorará al establecer los hechos probados y pronunciarse sobre el fon-

---

129 Cfr. Corte IDH. Caso de la "Panel Blanca" (Paniagua Morales y otros) Vs. Guatemala. Fondo. Sentencia de 8 de marzo de 1998. Serie C No. 37. párrs. 70, 71, 72 Corte IDH. Caso de las Hermanas Serrano Cruz Vs. El Salvador. Fondo, Reparaciones y Costas. Sentencia de 1 de marzo de 2005. Serie C No. 120. párrs. 31, 33.

do y las eventuales reparaciones, tomando en cuenta el conjunto del acervo probatorio y las observaciones de las partes[130].

La oportunidad para presentar la prueba es al inicio de cada etapa procesal, las partes deben señalar qué pruebas ofrecerán en la primera oportunidad que se les concede para pronunciarse por escrito, la Corte o su Presidente podrán solicitar a las partes elementos probatorios adicionales como prueba para mejor resolver, sin que ello se traduzca en una nueva oportunidad para ampliar o complementar los alegatos, salvo que el Tribunal lo permita expresamente[131]. Conforme al artículo 57 de la CIDH. Conforme al reglamento de la Corte IDH, todas las pruebas rendidas por la CIDH serán incorporadas siempre que hayan sido recibidas en procedimientos contradictorios, salvo que la Corte considere indispensable repetirlas[132]. La Corte solo admite la información y documentación que sea posterior a la presentación del escrito de solicitudes y argumentos y que sean relevantes para la resolución del presente caso. Dicha información y documentación será valorada dentro del contexto del acervo probatorio y según las reglas de la sana crítica[133].

Los **documentos no controvertidos ni objetados** En el presente caso la Corte tiene por buenos los documentos presentados por la Comisión y por Honduras, máxime cuando no fueron controvertidos ni objetados, ni su autenticidad o veracidad puesta en duda[134] sin que ello signifique que los tendrá por aceptados automáticamente en todos los casos en donde no existiere oposición de una parte al respecto, y sin que exista una valoración de las circunstancias particulares del caso y del acervo probatorio existente. El silencio del demandado o su contestación elusiva o ambigua pueden interpretarse como

---

130 Corte IDH. Caso Rochac Hernández y otros Vs. El Salvador. Fondo, Reparaciones y Costas. Sentencia de 14 de octubre de 2014. Serie C No. 285.

131 Corte IDH. Caso de las Hermanas Serrano Cruz Vs. El Salvador. Fondo, Reparaciones y Costas. Sentencia de 1 de marzo de 2005. Serie C No. 120. párrs. 31, 33.

132 Artículo 57 del reglamento de la Corte IDH.

133 Corte IDH. Caso Mémoli Vs. Argentina. Excepciones Preliminares, Fondo, Reparaciones y Costas. Sentencia de 22 de agosto de 2013. Serie C No. 265., párr. 59.

134 Corte IDH. Caso Velásquez Rodríguez Vs. Honduras. Fondo. Sentencia de 29 de julio de 1988. Serie C No. 4. Párr. 140.

aceptación de los hechos del Informe de Fondo, mientras lo contrario no aparezca de los autos o no resulte de la convicción judicial.

Los **documentos electrónicos** respecto a algunos documentos señalados por medio de enlaces electrónicos por parte de la Comisión y de las partes, la Corte ha establecido que, si una parte proporciona al menos el enlace electrónico directo del documento que cita como prueba y es posible acceder a éste, no se ve afectada la seguridad jurídica ni el equilibrio procesal porque es inmediatamente localizable por la Corte y por las otras partes[135].

Los **documentos incompletos o ilegibles** que presente la CIDH la Corte aclara que, de conformidad con el artículo 59 del Reglamento, al constatarse que la Comisión o alguna de las partes ha remitido algún elemento probatorio de forma incompleta o ininteligible, la Corte otorga un plazo para que la parte en cuestión o la Comisión Interamericana corrija dichos defectos o remita las aclaraciones pertinentes.

Los **documentos en otro idioma** deben ser traducidos a los idiomas oficiales que se ocupan en el sistema interamericano de derechos humanos, principalmente en aquellos en que se involucra en el caso.

Los alegatos finales que otorgan las partes son esencialmente una oportunidad para sistematizar los argumentos de hecho y de derecho presentados oportunamente y no una etapa para presentar nuevos hechos y/o argumentos de derecho adicionales por cuanto no podrían ser respondidos por las otras partes, será inadmisible todo alegato nuevo presentado en los alegatos finales escritos por extemporáneos. La Corte IDH tomará en cuenta las observaciones de las partes y el conjunto del acervo probatorio para valorar el referido escrito, de acuerdo con las reglas de la sana crítica[136].El Tribunal puede admitir los elementos de prueba aportados por el Estado en tanto se re-

---

135 Cfr. Corte IDH. Caso Cruz Sánchez y otros Vs. Perú. Excepciones Preliminares, Fondo, Reparaciones y Costas. Sentencia de 17 de abril de 2015. Serie C No. 292. Párr. 103.

136 Corte IDH. Caso Nadege Dorzema y otros Vs. República Dominicana. Fondo, Reparaciones y Costas. Sentencia de 24 de octubre de 2012. Serie C No. 251. Parr. 22.

fieran a hechos acontecidos con posterioridad a la presentación del escrito de contestación a la presentación del caso y de observaciones a las solicitudes y argumentos de los representantes, y considerará, en lo pertinente, la información allí indicada teniendo en cuenta el conjunto del acervo probatorio, las observaciones de las partes y las reglas de la sana crítica. La Corte estima procedente admitir aquellos documentos que son relevantes para el examen del presente caso, los cuales serán valorados dentro del contexto del acervo probatorio y según las reglas de la sana crítica[137].

Las declaraciones de las presuntas víctimas las declaraciones rendidas por las presuntas víctimas no pueden ser valoradas aisladamente sino dentro del conjunto de las pruebas del proceso, ya que son útiles en la medida en que pueden proporcionar mayor información sobre las presuntas violaciones y sus consecuencias[138].

Las **declaraciones testimoniales y dictámenes periciales**, son admisibles para aclarar puntos relevantes del litigio, y los Estados no podrán enjuiciar a las presuntas víctimas, a los testigos y a los peritos, a sus representantes o asesores legales ni ejercer represalias contra ellos o sus familiares, a causa de sus declaraciones, dictámenes rendidos o su defensa legal ante la Corte[139]. Si las declaraciones de los peritos contienen elementos que apoyan los argumentos de una de las partes, ello no conlleva a la descalificación del perito[140], esto por pura lógica procesal, sin embargo, la Corte ya se ha pronunciado al respecto.

Los **testimonios recabados en el marco de procesos internos,** con respecto a la validez de declaraciones testimoniales y confesiones contradictorias, el Tribunal considera necesario analizar las distintas versiones de esos declarantes tomando en consideración si las mis-

---

137 Cfr. Corte IDH. Caso Mémoli Vs. Argentina. Excepciones Preliminares, Fondo, Reparaciones y Costas. Sentencia de 22 de agosto de 2013. Serie C No. 265.

138 Cfr. Corte IDH. Caso Norín Catrimán y otros (Dirigentes, Miembros y Activista del Pueblo Indígena Mapuche) Vs. Chile. Fondo, Reparaciones y Costas. Sentencia de 29 de mayo de 2014. Serie C No. 279. Párr. 70.

139 Artículo 53 del reglamento de la Corte IDH.

140 Cfr. Corte IDH. Caso Díaz Peña Vs. Venezuela. Excepción Preliminar, Fondo, Reparaciones y Costas. Sentencia de 26 de junio de 2012. Serie C No. 244. Párr. 29.

mas han sido objeto de diligencias de verificación para determinar la veracidad de las mismas. Mucho cuidado en esta parte las declaraciones deberán ser confrontadas con el acervo probatorio en su totalidad, el nivel de descripción de los hechos, y en particular, cuando se trata de confesiones de paramilitares, se deberá tomar en consideración el *modus operandi* y los elementos de contexto, principalmente porque en las contradicciones principalmente se encuentran en las variaciones de tiempo pueden ser útiles y razonables para que los mismos sean aplicados a las circunstancias concretas del presente caso para la determinación de la verdad judicial.

Los **videos**, la prueba debe presentarse por las partes y la Comisión en los momentos procesales pertinentes y, en caso contrario, su presentación debe ser debidamente justificada. Téngase en consideración que los videos sirven para proporcionar antecedentes relevantes para entender las circunstancias en las cuales ocurren las alegadas violaciones.

La **reconstrucción de los hechos** consiste en constatar el ámbito físico-espacial en el cual sucedieron los hechos jurídicamente relevantes que se encuentran esencialmente controvertidos. La reconstrucción de hechos tiene un carácter ilustrativo para situar las circunstancias de modo, tiempo y lugar, a fin de que pueda dimensionar, comprender y enmarcar los hechos específicos que constituyen la base de las alegadas violaciones sometidas a su conocimiento, de igual manera se valora de forma conjunta con todas las pruebas[141].

Los **documentos previamente presentados ante la Corte IDH en otros casos,** para ello la Corte incorpora documentos al expediente como referencias y opiniones doctrinales de autoridades en la materia sobre la cual versan las declaraciones y que podrían ser, en su caso, relevantes u orientadoras en la interpretación o aplicación, por parte del Tribunal, del corpus juris internacional relevante en el presente caso[142].

141 Cfr. Corte IDH. Caso Cruz Sánchez y otros Vs. Perú. Excepciones Preliminares, Fondo, Reparaciones y Costas. Sentencia de 17 de abril de 2015. Serie C No. 292. Párr. 138.

142 Cfr. Corte IDH. Caso Familia Pacheco Tineo Vs. Bolivia. Excepciones Preliminares, Fondo, Reparaciones y Costas. Sentencia de 25 de noviembre de 2013. Serie C No. 272 párr. 47.

¿Si un asunto llega ante la Corte Interamericana de Derechos Humanos forzosamente como Estado obtendré una sentencia condenatoria?

R= Hay que tener presente que si el caso llegó ante la Corte IDH se puede solicitar de todavía el planteamiento de una solución amistosa o *amicus curiae*, esta fin de llegar a una solución rápida dentro del proceso, volviéndose como tal un procedimiento abreviado.

¿Cómo es la audiencia de un litigio internacional ante la Corte Interamericana de Derechos Humanos?

R= Las audiencias en el sistema interamericano se componen de dos partes una escrita y otra oral. La parte oral es muy importante pues se expresa en la audiencia pública sobre cada caso y dura casi un día y medio, pues la CIDH presente sus argumentos orales y las consideraciones a tener en cuenta, así mismo pone a consideración cualquier otro asunto que considere relevante. Estas audiencias orales son muy importantes ya que los jueces de viva voz pueden escuchar los testimonios de las presuntas víctimas, los testigos, peritos, así como los alegatos de los defensores interamericanos, los delegados, los representantes de las víctimas y los representantes del Estado. Es importante señalar que en estas audiencias se escuchan los alegatos sobre el fondo del caso, existe la posibilidad de una réplica y una dúplica por cada una de las partes. Concluido los alegatos la CIDH presenta observaciones finales, las recomendaciones y las preguntas que realizan los jueces a cada una de las partes.

¿Qué pasa si no tengo un abogado que se encuentre preparado dentro del sistema interamericano?

R= La Corte IDH puede asignarte un defensor para que realice la protección de tus derechos humanos, toda que el tribunal interamericano busca que las personas hagan valer todas su libertades, así como para proveer de asistencia legal a las personas que carezcan de recursos económicos suficientes.

¿Qué pasa si no tengo los recursos económicos suficientes para poder acceder al sistema interamericano, significa que me quedaré sin defensa técnica?

R= No. Usted puede acceder directamente al Fondo de Asistencia Legal de la Corte IDH, para facilitar el acceso al sistema interamericano de derechos humanos, una vez que el caso haya sido presentado ante el Tribunal, podrá solicitar expresamente acogerse al Fondo de Víctimas.

¿Cuándo se ha dictado una sentencia por parte de la Corte IDH, se puede apelar?

R= No, los fallos de la Corte IDH son inapelables

¿Si las sentencias de la Corte IDH siguen el principio de completitud cual es la finalidad del voto?

R= Cuando una sentencia no expresa en todo o en parte la opinión unánime de los Jueces, cualquiera de éstos tendrá derecho a que se agregue su opinión al fallo. Dichos votos forman parte integrante de la Sentencia.

¿La Corte IDH puede interpretar sus fallos y de ser afirmativo que tiempo tiene para hacerlo?

R= Sí, la Corte puede interpretar sus sentencias, tiene un plazo de noventa días a partir de la fecha de la notificación del fallo, para hacer la interpretación.

¿Cómo agente del Estado puedo interponer excepciones preliminares ante la Corte IDH?

R= Sí, puede realizarlo solamente sea cuidadoso como las pretende plantear. En muchas ocasiones, los agentes del Estado suelen plantear generalmente dos excepciones, 1) Temporalidad, y 2) La cuarta instancia, en la gran mayoría de las veces estas excepciones suelen ser desechadas, toda vez que existe muchas excepciones jurisprudenciales en la cuales la temporalidad esta sobrepasada como son los casos de desaparición forzada de personas, la cual es una violación continua, y, entender que la Corte IDH no es una cuarta instancia ya que este tribunal se encarga de estudiar las violaciones a las obligaciones internacionales del Estado, puede requerir una revisión de los procesos internos con el único fin de establecer su compatibilidad con la Convención Americana, debido a que su revisión se limita a examinar la conformidad de las decisiones judiciales internas con la Convención Americana, y no de acuerdo con el derecho interno[143].

Sugerencia: Si como agente del Estado piensa plantear excepciones preliminares, evite repetir las mismas expuestas en el procedimiento seguido ante la CIDH, pues difícilmente estas prosperaran.

Sugerencia: Si Usted como agente del Estado va a promover una excepción que verse sobre la falta de agotamiento de recursos internos, tenga en consideración que recursos de tipo administrativos no son considerados como válidos, pues por su naturaleza no resultan los más idóneos para que el Estado pueda solucionar la controversia en sede interna. Los recursos internos por su naturaleza deben ser efectivos y adecuados para resolver la controversia, además deben estar consagrados en una Ley, así mismo, los recursos que deben ser agotados son aquellos que resultan adecuados en la situación particular de la violación de derechos humanos alegada[144].

Sugerencia: Si Usted como agente del Estado va promover una excepción que verse sobre la falta de agotamiento de recursos internos, tenga en consideración que debe explicar cuáles son los recursos judiciales que se consideren realmente efectivos y los resultados que producen, es decir, si son restaurativos definitivos o parciales, suspensivos, indemnizatorios, devolutivos o algún otro tipo y cual efecto tendría sobre el caso en concreto. Se sugiere aportar estadísticas sobre la efectividad del recurso dentro del ámbito interno, y el tiempo que toma la autoridad judicial en resolver dicho recurso, además, usted

143 Cfr. Corte IDH. Caso Scot Cochran Vs. Costa Rica. Excepciones Preliminares y Fondo. Sentencia de 10 de marzo de 2023. Serie C No. 486.

144 Cfr. Caso Velásquez Rodríguez Vs. Honduras. Excepciones Preliminares. Sentencia de 26 de junio de 1987. Serie C No. 1, párr. 85, y Caso Cortez Espinoza Vs. Ecuador. Excepciones Preliminares, Fondo, Reparaciones y Costas. Sentencia de 18 de octubre de 2022. Serie C No. 468, párr. 24 y Corte IDH. Caso Olivera Fuentes Vs. Perú. Excepciones Preliminares, Fondo, Reparaciones y Costas. Sentencia de 4 de febrero de 2023. Serie C No. 484.

deberá demostrar que fue la presunta víctima o los representantes quienes no desearon agotarlos.

¿Qué tan loable es que como agente del Estado me allane ante la Corte IDH?

R= Es muy bien visto, allanarte a las pretensiones de la CIDH en una audiencia muestra una postura progresistas en la protección de los derechos humanos en el sistema interamericano, pues demuestra un compromiso por mejorar en la protección de los derechos humanos en el continente. Recordando que ser valiente implica aceptar los errores y las consecuencias con la frente en alto de los mismos, es tocar fondo y levantarse para mejorar, para los Estados aplica de la misma manera.

¿Cuáles son algunas de las formas de reparación en el sistema interamericano?

R= Compréndase que las sentencias de la Corte Interamericana son una forma de reparación[145] toda vez que constituyen una forma de precedente judicial internacional y establecen parámetros muy claros que deben seguir los Estados para lograr una **reparación integral** hacía las víctimas, está consiste en el restablecimiento de la situación anterior a la violación, de no ser esto posible, en establecer una serie de medidas para que, además de garantizar el respeto de los derechos conculcados, se reparen las consecuencias producidas por las infracciones y se pague una indemnización como compensación por los daños ocasionados, lo cual incluye pero no limita a la **restitución, la rehabilitación, la satisfacción, garantías de no repetición, la obligación de investigar los hechos, determinar los responsables y, en su caso, sancionar, y la indemnización compensatoria.**

La restitución comprende devolver a la víctima a la situación anterior de la violación, lo cual involucra la restitución material y los derechos[146].

---

145 Cfr. Corte IDH. Caso Olivera Fuentes Vs. Perú. Excepciones Preliminares, Fondo, Reparaciones y Costas. Sentencia de 4 de febrero de 2023. Serie C No. 484.

146 Cfr. Corte IDH. Caso Deras García y otros Vs. Honduras. Fondo, Reparaciones y Costas. Sentencia de 25 de agosto de 2022. Serie C No. 462., Párrafo 91.

La rehabilitación consiste en el otorgamiento de atención médica y/o psicológica o psiquiátrica que debe garantizar el Estado a las víctimas de manera gratuita en instituciones públicas especializadas y efectiva haber sanado física y psico-ecomocionalmente[147].

La satisfacción busca el reconocimiento de la dignidad de las víctimas así como también transmitir un mensaje de reprobación oficial de las violaciones de los derechos humanos de que se trata y evitar que se repitan violaciones, principalmente en situaciones vinculados con la repetición de patrones[148].

La garantías de no repetición tienen como principal objetivo que no se reiteren los hechos que ocasionaron las violaciones a derecho humanos, lo cual involucra la educación con base en derechos humanos, la capacitación permanente en esta materia, las reformas legislativas, adopción de medidas de derecho interno[149].

La obligación de investigar, identificar a los responsables y sancionar las violaciones a los derechos humanos constituye una forma de reparación autónoma en el Sistema Interamericano cuando el Estado ha cometido violaciones de derechos humanos, especialmente, cuando éstas configuran o pueden configurar delitos por parte de los servidores públicos o su encubrimiento, así como las faltas administrativas, el fincar responsabilidades políticas entre otras, estos procedimientos abarcan efecto cadena, en los cuales se busca a todos los responsables sin importar su cargo o función desempeñada[150].

La indemnización se dirige a resarcir a las victimas tanto por daños materiales como inmateriales. La indemnización contempla

---

147 Cfr. Corte IDH. Caso Vera Rojas y otros Vs. Chile. Excepciones preliminares, Fondo, Reparaciones y Costas. Sentencia de 1 de octubre de 2021, Párrafo 167.

148 Cfr. Corte IDH Corte IDH. Caso Huacón Baidal y otros Vs. Ecuador. Sentencia de 4 de octubre de 2022. Serie C No. 466., Párrafo 58.

149 Cfr. Corte IDH. Caso Integrantes y Militantes de la Unión Patriótica Vs. Colombia. Excepciones Preliminares, Fondo, Reparaciones y Costas. Sentencia de 27 de julio de 2022. Serie C No. 455., Párrafo 597.

150 Cfr.Corte IDH. Caso Rodríguez Vera y otros (Desaparecidos del Palacio de Justicia) Vs. Colombia. Excepciones Preliminares, Fondo, Reparaciones y Costas. Sentencia de 14 de noviembre de 2014. Serie C No. 287, Párrafo 556.

la valoración económica del daño emergente, del lucro cesante, de los perjuicios morales, y en algunos casos, del daño ocasionado al proyecto de vida. En otro orden de ideas, la naturaleza y monto de las reparaciones dependen del daño ocasionado en los planos material e inmaterial[151]. **El daño inmaterial** comprende tanto los sufrimientos y las aflicciones causados a la víctima directa y a sus allegados, el menoscabo de valores muy significativos para las personas, así como las alteraciones, de carácter no pecuniario, en las condiciones de existencia de la víctima o su familia[152]. Dentro de esta categoría la Corte diferencia entre daño moral, psicológico, físico (producto de cualquier modificación del estado normal del cuerpo humano, ya sea por entes físicos, químicos o biológico), al proyecto de vida (entendido como la pérdida o el grave menoscabo de oportunidades de desarrollo personal, en forma irreparable o muy difícilmente reparable), y colectivo o social (vulneraciones derivadas de la violación que repercuten en un grupo de personas o población determinada; principalmente en su calidad de grupo). **El daño material** ha sido entendido como la pérdida o detrimento de los ingresos de las víctimas, los gastos efectuados con motivo de los hechos y las consecuencias de carácter pecuniario que tengan un nexo causal con los hechos del caso[153]. Este daño comprende: el daño emergente (los gastos directos e inmediatos que ha debido cubrir la víctima o sus representantes con ocasión del ilícito), el lucro cesante (se tiene en cuenta los ingresos que habría percibido la persona durante su vida probable) y daño al patrimonio familiar (perjuicios económicos o gastos en que incurre la víctima y sus familiares con ocasión de la violación a sus derechos).

¿Puede la Corte IDH interpretar otros tratados internacionales?

R= Sí, siempre y cuando tengan vinculación directa con los derechos humanos. Si bien el artículo 64 de la CADH atiende a una cuestión de carácter geográfico-político, es decir, a la Corte le interesa el cumplimiento o alcance de las obligaciones contraídas por una Estado miembro del sistema interamericano, la Corte es competente para emitirla, aun cuando fuera inevitable interpretar el tratado en su conjunto[154].

¿Existe alguna situación por la cual Corte IDH no atienda las preguntas que le realicen los Estados o la CIDH?

R= Sí, cuando el caso previamente se encuentre siendo discutido en una etapa contenciosa ante la CIDH y pueda traer como resultado una solución de manera encubierta por la vía de la opinión consultiva sin que las presuntas víctimas tenga oportunidad de alegar durante el proceso, de manera que se generaría una situación distorsionada en el sistema interamericano[155].

¿En materia probatoria, los documentos de prensa tienen un carácter pleno, de no ser así como pueden controvertirse?

R= Tenga especial cuidado en esta parte, pues los documentos de prensas si bien no tienen el carácter de prueba documental, tienen importancia en cuanto sean la manifestación de hechos públicos y notorios, y en la medida que corroboren los testimonios recibidos en el proceso respecto de las circunstancias de las detenciones y muertes de las víctimas[156].En cuanto a las notas de prensa presentadas por la Comisión y las representantes, la Corte ha considerado que podrán ser apreciadas cuando recojan hechos públicos y notorios o declaraciones de funcionarios del Estado, o cuando corroboren aspectos relacionados con el caso, por lo que la Corte decide admitir los documentos que se encuentren completos o que, por lo menos, permitan constatar su fuente y fecha de publicación, y los valorará tomando en cuenta el conjunto del acervo probatorio, las observaciones de las partes y las reglas de la sana crítica.

Sugerencia: Tenga en consideración que la doctrina del fruto envenenado o la presunción de inocencia hacia el Estado viciada por las notas de prensa no opera en favor del Estado, ya que las notas de prensa forman parte de la libertad de expresión y son elementos necesarios para la constitución de una democracia. Sin embargo, ustedes como agentes del Estado tienen derecho de réplica, se sugieren aportar sus propios comunicados de prensa y con base en los informes enviados y la información complementaria, busque cuestionar la falte completitud de la información de dicha nota periodística, la falta de continuidad respecto del evento (en caso de existir), y el discurso mediático en función del impacto en la opinión pública, sea muy cuidadoso pues busque desvirtuar la prueba con base en la reproducción de estereotipos y visiones fragmentarias de estas problemáticas adquiere valor, dado que no conocer realmente el fenómeno ni al sujeto involucrado[157]. Con esto se quiere decir que cualesquiera que sean los efectos inmediatos de los mensajes mediáticos específicos sobre lectores particulares, y bajo circunstancias específicas, los medios de comunicación masivos y el tratamiento de las noticias generarán un determinado tipo de influencia e impacto sobre las cogniciones sociales del grupo que no se pueden descartar, puesto que se convierten en una fuente de opinión e interpretación relevante para los sujetos y el discurso público[158]. Por lo cual puede generar una percepción estereotípica de las autoridades estatales, siendo así la objeción de la prueba se puede basar en la estructura del 1) Tema o macroestructuras semánticas, 2) los esquemas discursivos o superestructuras, esquemas textuales, 3) la contextualización local, 4) contextualización histórico-cultural, 5) El estilo en la estructura léxica y sintáctica, 6) Los recursos retóricos utilizados[159].

---

157 Sandoval, E. (2014a). Posibilidades educativas del adolescente infractor de la ley: Desafíos y proyecciones a partir de su propensión a aprender. Psicología Educativa, (1) 39-46.

158 Sandoval Ovando E (2015) impacto de los medios de comunicación de masas sobre la opinión pública: ¿sobre los peligros dela adolescencia? *Diversitas: Perspectivas en Psicología,* Universidad Santo Tomás vol. 11, núm. 1, pp. 37-49, 2015.

159 Van Dijk, T. (1991). Racism and the press. Londres: Routledge. Van Dijk, T. (2007). Racismo y discurso en América latina. Barcelona: Gedisa Giles, H. & Coupland, N. (1991). Language: Contexts and consequences. Milton Keynes: Open University Press.

¿Si los documentos que se presentan están incompleto se pueden impugnar?

R= Si, pero no resultará fructífera la argumentación, si los documentos fueron presentados en tiempo y forma. La Corte IDH otorgará un plazo para que se cumpla con la completitud de los documentos.

¿La Corte IDH puede solicitar de oficio alguna prueba de oficio?

R= La Corte IDH puede procurar de oficio toda prueba que considere útil y necesaria, principalmente a la Corte le interesa escuchar de viva voz a las presuntas víctimas, testigos, peritos o cualquier persona cuya declaración, testimonio, u opinión estime pertinente[160].

¿Si declaro ante la Corte IDH dentro de un juicio ya sea como perito o testigo, puedo recibir algún tipo de protección si el caso resulta ser muy controvertido?

R= Si usted puede tener medidas provisionales para su protección.

¿Si declaro como testigo o perito ante la Corte IDH en un caso que sea de mi país me pueden acusar de desleal a la patria mí país e imponerme algún tipo de sanción administrativa o penal?

R= No, no le pueden catalogar de esta manera, ni se le pueden poner ningún tipo de reprimenda o sanción negativa penal o administrativa. Toda vez que los derechos humanos representan valores superiores que "no nacen del hecho de ser nacional de determinado Estado, sino que tienen como fundamento los atributos de la persona humana"[161].

¿El guardar silencio o no contestar diversas preguntas como víctima, testigo o perito puede resultar incompatible con el deber de cooperación procesal y con el principio de buena fe que rige en el procedimiento internacional?

---

160 Artículo 58 del Reglamento de la Corte Interamericana de Derechos Humanos.

161 Declaración Americana de los Derechos y Deberes del Hombre, Considerando y Convención Americana, Preámbulo.

R= No, la Corte IDH considera que la no presentación de respuestas a las preguntas de la contraparte no afecta la admisibilidad de una declaración y es un aspecto que, según los alcances de los silencios de un declarante, podría llegar a impactar en el peso probatorio que puede alcanzar una declaración o un peritaje, aspecto que corresponde valorar en el fondo del caso[162]. La Corte IDH considera que la no presentación de respuestas a las preguntas de la contraparte no afecta la admisibilidad de una declaración y es un aspecto que, según los alcances de los silencios de un declarante, podría llegar a impactar en el peso probatorio que puede alcanzar un peritaje, aspecto que corresponde valorar en el fondo del caso[163].

III. BREVE RECUENTO DE LA EXPERIENCIA MEXICANA ANTE EL SISTEMA INTERAMERICANO DE DERECHOS HUMANOS

Desde 1981 el Estado mexicano firmó y ratificó la Convención Americana sobre Derechos Humanos, fue hasta diciembre de 1998 que aceptó la competencia contenciosa de la Corte Interamericana, después de que el expresidente Ernesto Zedillo sometió a la consideración de la Cámara de Senadores la declaración para su reconocimiento, éste fue publicado en el Diario Oficial de la Federación el día 8 del mismo mes y año. Dicha declaración habilitó al tribunal interamericano para conocer sobre presuntas violaciones de derechos humanos consagrados en la CADH que fueren cometidas por agentes estatales. Adicionalmente, en dicho reconocimiento se estableció que la competencia contenciosa solamente sería aplicable a los hechos o actos jurídicos posteriores a la fecha del depósito de la declaración, por lo que no tendría efectos retroactivos. El Estado

162 Cfr. Corte IDH. Caso Cruz Sánchez y otros Vs. Perú. Excepciones Preliminares, Fondo, Reparaciones y Costas. Sentencia de 17 de abril de 2015. Serie C No. 292. Párr. 115

163 Cfr. Corte IDH. Caso Artavia Murillo y otros (Fecundación in Vitro) Vs. Costa Rica. Excepciones Preliminares, Fondo, Reparaciones y Costas. Sentencia de 28 de noviembre de 2012. Serie C No. 257. Párr. ,56

mexicano no aceptó la competencia contenciosa de la Corte Interamericana de Derechos Humanos, sino hasta el mes de diciembre de 1998, esto es, 17 años más tarde de haber presentado el instrumento de adhesión a la Convención Americana sobre Derechos Humanos, esto significó una enorme brecha en la que, la Corte estuvo imposibilitada para conocer de violaciones a derechos Humanos cometidas por el Estado mexicano.

La Corte Interamericana, en el ejercicio de su competencia contenciosa, respecto del Estado mexicano, se ha pronunciado con relación a diecisiete casos que han sido sometidos a su conocimiento, uno en el que homologó un acuerdo de solución amistosa de conformidad con el artículo 63 de su Reglamento. Adicionalmente, en tres casos le ha sido solicitada interpretación de la sentencia emitida. Ahora bien, los Estados al firmar y ratificar la CADH asumen la obligación de respetar y garantizar los derechos humanos en ella consagrados y de adoptar las disposiciones legislativas o de otro carácter que fueren necesarias para hacer efectivos tales derechos y libertades de tal manera que haya perfecta armonía y congruencia entre las normas internas y las internacionales contenidas en dicha Convención.

En efecto, la Corte IDH ha señalado que el artículo 2 de la Convención contempla el deber general de los Estados Parte de adecuar su derecho interno a las disposiciones de la misma para garantizar los derechos en ella consagrados. Este deber implica la adopción de medidas en dos vertientes. Por una parte, la supresión de las normas y prácticas de cualquier naturaleza que entrañen violación a las garantías previstas en la Convención. Por otra, la expedición de normas y el desarrollo de prácticas conducentes a la efectiva observancia de dichas garantías. Precisamente, respecto a la adopción de dichas medidas, esta Corte ha reconocido que todas las autoridades de un Estado Parte en la Convención tienen la obligación de ejercer un control de convencionalidad, de forma tal que la interpretación y aplicación del derecho nacional sea consistente con las obligaciones internacionales del Estado en materia de derechos humanos[164].

---

164 Cfr. Corte IDH. Caso Asociación Nacional de Cesantes y Jubilados de la Superintendencia Nacional de Administración Tributaria (ANCEJUB-SUNAT) Vs. Perú.

La Convención de Viena sobre el derecho de los tratados dispone en su artículo 26 que "Todo tratado en vigor obliga a las partes y debe ser cumplido por ellas de buena fe (*pacta sunt servanda*)" y; por su parte, el artículo 27 señala con relación al derecho interno y la observancia de los tratados que "Una parte no podrá invocar las disposiciones de su derecho interno como justificación del incumplimiento de un tratado"[165].

Como se advierte, de las obligaciones generales de respeto y garantía contenida en los artículos 1.1 y 2 de la CADH, surge el deber de los Estados Parte, no sólo de adecuar su normativa interna, sino de expulsar de su orden jurídico, toda norma que resulte incompatible con dicha Convención. El Tribunal Interamericano ha resuelto diversos casos que involucran violaciones a derechos humanos atribuibles al Estado mexicano y, en consecuencia, éste ha sido condenado a cumplir con el deber de reparar a las víctimas.

El artículo 63.1 de la CADH establece que cuando la Corte decida que hubo violación de un derecho o libertad protegidos en esta Convención, dispondrá que se garantice al lesionado en el goce de su derecho o libertad conculcados. Dispondrá, asimismo, si ello fuera procedente, que se reparen las consecuencias de la medida o situación que ha configurado la vulneración de esos derechos y el pago de una justa indemnización a la parte lesionada. Para ello resulta de interés abordar las garantías de no repetición, precisamente porque bajo esta base conceptual, la Corte IDH ha ordenado a diversos Estados, incluido el mexicano, modificar el ordenamiento interno[166].

Estado parte en la Convención acepta la jurisdicción contenciosa de la Corte, este órgano jurisdiccional se encuentra facultado para resolver sobre presuntas violaciones a derechos humanos por parte de agentes estatales que, de acreditarse, serán resueltos mediante una sentencia. Sergio García Ramírez explica las formas en la que el derecho internacional de los tratados tendrá que ser recibido o

---

Excepciones Preliminares, Fondo, Reparaciones y Costas. Sentencia de 21 de noviembre de 2019. Serie C No. 394.párr. 200).

165 Convención de Viena, 1969, art. 26 y 27.

166 Cfr. Corte IDH. Caso Castañeda Gutman Vs. México. Excepciones Preliminares, Fondo, Reparaciones y Costas. Sentencia de 6 de agosto de 2008. Serie C No. 184. párrs. 226-231.

adoptado por el derecho interno de los países lo cual podrá ser de las siguientes maneras:

> a) Constitucional, como se ha visto en numerosas reformas practicadas en América Latina, inclusive la mexicana de 2011;
> b) Legal, mediante normas de implementación de tratados y cumplimiento de sentencias de órganos internacionales, supranacionales o transnacionales, que en México es todavía muy limitada y que tampoco ha conseguido suficientes avances en otros países de nuestra área;
> c) Jurisdiccional, facilitada por la creciente asunción judicial de los imperativos internacionales, que constituye uno de los datos más relevantes del progreso jurídico y supera la tradicional renuencia de muchos depositarios de la función judicial, que se pone a prueba cuando el tribunal interamericano adopta decisiones condenatorias del Estado, como ha ocurrido en relación con México en los últimos años;
> d) Política, que imprime "perspectiva de derechos humanos" a las políticas públicas y a los actos de gobierno, y
> e) Cultural, que se traduce en una "cultura de los derechos humanos" y provee sustento a las otras expresiones formales de la recepción[167]. (García, 2013)

De conformidad con lo señalado en el párrafo precedente, podemos observar como este autor señala precisamente que una de las vías por las cuales se pueden generar cambios en nuestra legislación interna, es a través de las decisiones o sentencias de órganos jurisdiccionales internacionales, como en nuestro caso, lo han sido las sentencias condenatorias de la Corte Interamericana de Derechos Humanos.

El autor Ricardo Méndez Silva al hablar del primer caso en que la Corte condenó al Estado mexicano, refiere lo siguiente:

> Más seriamente, con el peso de su experiencia profesional, el autor nos recuerda las discusiones al interior de la Suprema Corte de Justicia de la Nación respecto al caso Radilla Pacheco sobre la índole vinculante de la sentencia interamericana. Jugaron entonces tres posiciones: i) la de los ministros que opinaban que las sentencias y la jurisprudencia internacional no obligaban a la Suprema Corte (a estas alturas y por egregios juzgadores); ii) la que sí reconocía su fuerza vinculante para el caso concreto en el que estuviera involucrado el Estado pero sin extender esa obligatoriedad a la totalidad de la jurisprudencia de

---

167 García Ramírez, S., & del Toro Huerta, M. I. (2013). *México ante la Corte Interamericana de Derechos Humanos*. Porrúa.

> la Corte, y iii) la postura de avanzada que proponía la obligatoriedad tanto de la sentencia particular como de la jurisprudencia de la Corte Interamericana.
> El desarrollo espectacular en el plano interamericano del control de convencionalidad difuso, y la propagación de su sentido e importancia por sobresalientes académicos e incluso de algunos juzgadores mexicanos, ha propiciado que la tercera interpretación fuera aceptada finalmente por la Suprema Corte de Justicia de la Nación. Y aquí nos conectamos nuevamente con las palabras iniciales del presidente García Sayán: "los tribunales nacionales vienen inspirándose de manera creciente en los criterios jurisprudenciales de la Corte Interamericana"[168].

De lo antes mencionado, podemos observar como el autor hace hincapié en que, tras el Estado mexicano haber recibido la primera sentencia condenatoria por parte de la Corte Interamericana de Derechos Humanos, el ya bien conocido caso *Radilla Pacheco*, nuestro máximo órgano de justicia interno, la Suprema Corte de Justicia de la Nación, tuviera diversas discusiones entre sus miembros por determinar el carácter que debían adoptar frente a la jurisprudencia de la Corte Interamericana, decidiéndose así optar por aquel que consideraba la obligatoriedad tanto de la sentencia particular como el de la jurisprudencia de la Corte. La sentencia del expediente varios 912/2010 de la Suprema Corte de Justicia de la Nación (SCJN) reviste de gran importancia ya que en ella se establecieron las bases para el control de convencionalidad en México.

En dicha sentencia, el órgano jurisdiccional interamericano determinó una serie de medidas que se corresponden con el deber de reparar las violaciones a derechos humanos acreditadas ante dicha instancia, entendiendo que si bien en un primer momento tienen como propósito beneficiar a la víctima, resulta igualmente cierto que se encuentran dirigidas a la sociedad con el propósito de que no se repita la vulneración de los derechos de las víctimas, así como, para cualquier persona, al igual que eliminar y superar las causas estructurales de la violación masiva a los derechos humanos, las cuales comprenden dos dimensiones: una preventiva y otra reparadora.

---

168 Méndez Silva, Ricardo. (2014). Impacto de las sentencias de la Corte Interamericana de Derechos Humanos. Boletín mexicano de derecho comparado, 47(140), 733-740.

El expediente Varios 912/2010 fue resuelto en sesión del 14 de julio de 2011 y de éste surgen las siguientes decisiones; a) Las sentencias condenatorias de la Corte Interamericana de Derechos Humanos contra el Estado mexicano, son obligatorias para el Poder Judicial en sus términos; b) Los criterios interpretativos de la Corte Interamericana de Derechos Humanos, son orientadores para el Poder Judicial de la Federación, cuando México no sea parte de los casos que generan dicha jurisprudencia; c) Todos los jueces del Estado mexicano están obligados a inaplicar las normas contrarias a la Constitución y a los tratados internacionales en materia de derechos humanos y que se proponga la modificación de la jurisprudencia, y; d) El Poder Judicial de la Federación debe ejercer el control de convencionalidad *ex officio* entre las normas internas y la Convención Americana en el marco de sus respectivas competencias y regulaciones procesales correspondientes, así como la obligación de realizar el control de convencionalidad por todos los jueces del Estado mexicano.

El control de convencionalidad debe ejercerse por todos los jueces del Estado mexicano. Adicionalmente, se determinó que el modelo de convencionalidad y constitucionalidad que debía adoptarse a partir de la sentencia del tribunal interamericano en concordancia con los artículos 1, 103, 105 y 133 de la Constitución de los Estados Unidos Mexicanos, es en el sentido de que: 1) Los jueces del Poder Judicial de la Federación, al conocer de controversias constitucionales, acciones de inconstitucionalidad y de amparo, pueden declarar la invalidez de las normas que contravengan la Constitución federal y/o los tratados internacionales que reconozcan derechos humanos; 2) los demás jueces del país, en los asuntos de su competencia, podrán desaplicar las normas que infrinjan la Constitución federal y/o los tratados internacionales que reconozcan derechos humanos, sólo para efectos del caso concreto y sin hacer una declaración de invalidez de las disposiciones; y 3) las autoridades del país que no ejerzan funciones jurisdiccionales deben interpretar los derechos humanos de la manera que más favorezcan a las personas, sin que estén facultadas para declarar la invalidez de las normas o para desaplicarlas en los casos concretos. (Varios 912/2010, 2011)

De esta manera, la Suprema Corte de Justicia de la Nación estableció en su resolución las obligaciones concretas a cargo de quienes ejercen funciones jurisdiccionales en el marco de sus respectivas competencias, en el marco del denominado control de convencionalidad ex officio. Es oportuno precisar, que este tipo de control de acuerdo con la reforma de derechos humanos de 2011, en relación con el artículo 133 de la Constitución, es de carácter difuso, es decir, todos los jueces podrán interpretar y aplicar directamente las normas supremas y de ser posible, inaplicar una norma general contraria a la Constitución cuando aquella sea violatoria de derechos humanos. Incluso, aun cuando los justiciables no lo soliciten en sus escritos de demanda; esto puede ser así, porque de una interpretación sistemática de los artículos 1 y 133 de la Carta Magna, se desprende que cuando los jueces del orden local adviertan que una norma general es violatoria de alguno de los derechos humanos reconocidos por la Constitución, debe inaplicarla, aun cuando no haya mediado petición de parte alguna. A esto, la doctrina y la jurisprudencia constitucional le ha denominado control "ex officio de constitucionalidad"[169].

La incompatibilidad entre las normas del derecho internacional de los derechos humanos y el fuero militar en nuestro país, fue advertida desde la década de los noventa por el Relator contra la Tortura de la Organización de las Naciones Unidas, quien, tras una visita a nuestro país, expresó su preocupación por el hecho de que "el personal militar parece gozar de inmunidad frente a la justicia civil"[170]. La Corte IDH reiteró su jurisprudencia en el sentido de que la jurisdicción penal militar no es el fuero competente para investigar y, en su caso, juzgar y sancionar a los autores de violaciones de derechos humanos, sino que el procesamiento de los responsables corresponde siempre a la justicia ordinaria[171].

169 Patrón Muñoz, R. (enero de 2017). CONTROL EX OFFICIO DE CONSTITUCIONALIDAD: Primer caso en el Estado de Guerrero. *Quid Iuris*(35), 41-47. Obtenido de http://www.teever.gob.mx/files/CONTROL-OFICIO-DE-CONSTITUCIONALIDAD–MAGDO.-RENE-PATR-N-MU-OZ-.pdf

170 Rodley, N. (1998). *Informe del Relator Especial, Sr. Nigel Rodley, presentado con arreglo a la resolución 1997/38 de la Comisión de Derechos Humanos, párr. 86.* ONU. Ciudad de México: ONU.

171 Comisión Mexicana de Defensa y Promoción de los Derechos Humanos y Otros. (2013). *Reforma al Código de Justicia Militar.* Ciudad de México. Comisión Mexicana de Defensa y Promoción de Derechos Humanos. (Agosto de 2019).

Por otra parte, en la sentencia en contra del Estado mexicano en el *Caso Gonzales y Otras vs México*, mejor conocido como "campo algodonero", la autora Laura Rangel Hernández, al momento de analizar dicha sentencia, hace hincapié en los resolutivos de la sentencia, por cuanto a las diversas disposiciones que tuvo que acatar el Estado mexicano como parte de las reparaciones a las que fue condenado:

> Lo anterior encuentra relación con otras reparaciones que van más allá de las propias víctimas, para alcanzar efectos generales y consecuentemente tener incidencias en muchas mujeres que han sufrido agravios en sus derechos; por ejemplo, destaca la obligación de levantar un monumento en memoria de las víctimas, el cual no se limita a Claudia Ivette, Esmeralda y Laura, que son las demandantes, sino que se extiende a todas las mujeres víctimas de homicidio por razones de género en Ciudad Juárez. Esto además se conjunta con las obligaciones relativas a la estandarización de protocolos, manuales, criterios ministeriales de investigación, servicios periciales y de impartición de justicia, con base en una perspectiva de género; la adecuación del Protocolo Alba o la implementación de un nuevo dispositivo relativo a las búsquedas de personas desaparecidas; la creación de una página electrónica que deberá actualizarse permanentemente con información personal de mujeres, jóvenes y niñas desaparecidas en Chihuahua desde 1993; así como la creación o actualización de una base de datos que contenga información personal de mujeres y niñas desaparecidas a nivel nacional. Todo esto pone de manifiesto una de las características más trascendentes del sistema interamericano, que es la fuerza expansiva de sus resoluciones, en tanto que una de sus finalidades es sentar precedentes que sean aplicables a todo el continente[172].

De lo anterior adviértase como las sentencias de la Corte Interamericana de Derechos Humanos, no únicamente impactan sobre los marcos normativos o legales de nuestro sistema, sino también a través de otro tipo de reparaciones, modifican prácticas y visibilizan patrones estructurales de violaciones a derechos humanos, a través

---

CMDPDH. Recuperado el 2 de febrero de 2021, de http://cmdpdh.org/casos-paradigmaticos-2-2/casos-defendidos/rosendo-radilla-pacheco/

172 Rangel Hernández, Laura. (2011). Sentencias condenatorias al Estado mexicano dictadas por la Corte Interamericana de Derechos Humanos y sus implicaciones en el orden jurídico nacional. Revista IUS, 5(28), 160-186. Recuperado en 17 de agosto de 2021, de http://www.scielo.org.mx/scielo.php?script=sci_arttext&pid=S1870-21472011000200008&lng=es&tlng=es.

de distintas modalidades de reparación como las garantías de no repetición o las medidas de satisfacción que, al final de cuentas, terminan mejorando los parámetros con los que algunas autoridades se conducen, así como mejorando sus protocolos de actuación y adecuándolos para garantizar una actuación conforme y apegada a la protección de los derechos humanos de las personas.

Los tratados de derechos humanos son claramente distintos a otros tipos de tratados, éstos, como ya se comentó, establecen derechos subjetivos; mientras aquéllos, en contrapartida, prescriben obligaciones de carácter esencialmente objetivo, que deben ser garantizadas o implementadas colectivamente, y enfatizan el predominio de consideraciones de interés general u orden público que trascienden los intereses individuales de las Partes Contratantes[173].

En el anterior sentido, el motivo determinante de la voluntad de las partes en el tratado no es el beneficio propio, sino el de los sujetos últimos y, en realidad, únicos de todo derecho: los seres humanos[174]. Concurrente con lo señalado, el ex Juez de la Corte Interamericana Antonio Augusto Cançado en su voto razonado en el Caso Blake, sostuvo que las soluciones del derecho de los tratados, fueron erigidas en gran parte sobre la premisa del equilibrio del acuerdo de voluntades entre los propios Estados soberanos, con algunas significativas concesiones a los intereses de la llamada comunidad internacional (identificadas sobre todo en la consagración del *jus cogens* en los artículos 53 y 64 de ambas Convenciones de Viena de 1969 y 1986). En contrapartida, las soluciones del Derecho Internacional de los Derechos Humanos, se erigen sobre premisas distintas, contraponiendo a dichos Estados los seres humanos victimados bajo su jurisdicción, titulares últimos de los derechos de protección[175].

---

173 Cançado Trindade, A. A. (2017). *El derecho internacional de los derechos humanos en el siglo XXI.* Editorial Jurídica de Chile. Ferrer Mac-Gregor, E., & Pelayo Möller, C. M. (2017). *Las obligaciones generales de la Convención Americana sobre Derechos Humanos (Deber de respeto, garantía y adecuación de derecho interno).* México: IIJ UNAM y CNDH.

174 Corcuera Cabezut, S. (2021). *Derecho Constitucional y Derecho Internacional de los Derechos Humanos.* Oxford University Press.

175 Cfr. Corte IDH. Caso Blake Vs. Guatemala. Fondo. Sentencia de 24 de enero de 1998. Serie C No. 36.

Actualmente México desde el 2022 cuenta con 625 casos ante la Corte IDH, ello demuestra un aumento en comparación a los años 2020, y 2021, donde tuvo 540 y 516 respectivamente[176]. Gracias a la intervención del sistema interamericano el Estado mexicano se ha preocupado por mejorar en el tratamiento de los derechos humanos, incentivado transformaciones en su legislación como han sido las reformas constitucionales en materia de derechos humanos de 2011, la reforma penal de 2008, la reforma a la ley de amparo de 2013, la reforma laboral de 2019, las reformas en materia electoral, la consolidación de los controles de convencionalidad y constitucionalidad, así como, los protocolos de actuación que emite la Suprema Corte para juzgar en casos muy específicos con perspectiva de género, pueblos y comunidades indígenas, casos que involucren a la comunidad LGBTIQ+, en los de niños, niñas y adolescentes, migrantes entre otros más.

De manera sucinta se puede señalar que los casos relativos al sistema interamericano de derechos humanos

Caso de la Corte IDH	Comentario
Corte IDH. Caso Alfonso Martín del Campo Dodd vs. México. Excepciones Preliminares. Sentencia del 3 de septiembre de 2004. Serie C No. 113.	La Corte IDH no se pronunció sobre el fondo del asunto porque se consideraron pertinentes las excepciones preliminares presentadas por el Estado sobre la imposibilidad que tenía el tribunal interamericano de conocer del asunto en relación con presuntos actos de tortura cometidos para obtener la confesión de un homicidio.
Corte IDH. Caso Castañeda Gutman vs. México. Excepciones Preliminares, Fondo, Reparaciones y Costas. Sentencia de 6 de agosto de 2008. Serie C No. 184.	Se refiere a la responsabilidad por la inexistencia de un recurso adecuado y efectivo con relación al impedimento para inscribir una candidatura independiente del señor Jorge Castañeda. Esta es la única sentencia que se ha señalado totalmente cumplida.

Corte IDH. Caso González y otras ("Campo Algodonero") vs. México. Excepción Preliminar, Fondo, Reparaciones y Costas. Sentencia de 16 de noviembre de 2009. Serie C No. 205.	Se refiere a la responsabilidad internacional por la conculcación de ciertos derechos como a la vida, a la integridad y libertad personal, a la no discriminación, a los derechos del niño, así como por la falta de diligencia en las investigaciones relacionadas con los feminicidios de las jóvenes González, Herrera y Ramos en Ciudad Juárez, Chihuahua. En esta sentencia también se señaló la conculcación de la Convención Interamericana para prevenir, sancionar y erradicar la violencia contra la mujer, conocida como "Convención Belén do Pará".
Corte IDH. Caso Fernández Ortega y otros vs. México. Excepción Preliminar, Fondo, Reparaciones y Costas. Sentencia de 30 de agosto de 2010 Serie C No. 215	Se refiere a la responsabilidad internacional por la conculcación de los derechos a la integridad personal, a la dignidad, a la vida privada, a las garantías judiciales y a la protección judicial en perjuicio a Inés Fernández, mujer indígena perteneciente a la comunidad indígena Me'phaa, que al momento de los hechos no hablaba español, así como la falta de investigación y sanción de los responsables. Entre otros temas se abordó el control de convencionalidad. En esta sentencia también se señaló la conculcación de la Convención Interamericana para prevenir, sancionar y erradicar la violencia contra la mujer, conocida como "Convención Belén do Pará" y de la Convención Interamericana para prevenir y sancionar la tortura. En México conoció del cumplimiento de sentencia la SCJN en el Expediente Varios 1396/2011.

Corte IDH. Caso Rosendo Cantú y otra vs. México. Excepción Preliminar, Fondo, Reparaciones y Costas. Sentencia de 31 de agosto de 2010 Serie C No. 216	Se refiere a la responsabilidad internacional por la conculcación de los derechos a la integridad personal, a la dignidad, a la vida privada, a los derechos del niño, a las garantías judiciales y a la protección judicial en perjuicio de Valentina Rosendo, mujer indígena perteneciente a la comunidad indígena Me'phaa que al momento de los hechos no hablaba español y aún no cumplía 18 años, así como la falta de investigación y sanción de los responsables. En esta sentencia también se señaló la conculcación de la Convención Interamericana para prevenir, sancionar y erradicar la violencia contra la mujer, conocida como "Convención Belén do Pará" y de la Convención Interamericana para prevenir y sancionar la tortura. Entre otros temas se abordó el control de convencionalidad. En México conoció del cumplimiento de sentencia la SCJN en el Expediente Varios 1396/2011.
Corte IDH. Caso Cabrera García y Montiel Flores vs. México. Excepción Preliminar, Fondo, Reparaciones y Costas. Sentencia de 26 de noviembre de 2010 Serie C No. 220	Se refiere a la responsabilidad internacional por actos de tortura cometidos por agentes militares a los señores Cabrera García y Montiel Flores, así como de los derechos a la libertad personal, integridad personal, garantías judiciales y protección judicial la falta de investigación y sanción de los responsables. Entre otros temas se abordó el control de convencionalidad. También se señaló el incumplimiento de la Convención Interamericana para prevenir y sancionar la tortura.
Corte IDH. Caso García Cruz y Sánchez Silvestre vs. México. Fondo, Reparaciones y Costas. Sentencia de 26 de noviembre de 2013. Serie C No. 273.	En este caso se llegó a una "solución amistosa", por lo que no hubo una sentencia de fondo sobre la detención y posteriores actos de tortura para obtener una confesión por cargos imputados en su contra.

Corte IDH. Caso Trueba Arciniega y otros Vs. México. Sentencia de 27 de noviembre de 2018. Serie C No. 369.	En este caso se llegó a una "solución amistosa", por lo que no hubo una sentencia de fondo sobre la privación de la vida de las víctimas
Corte IDH. Caso Alvarado Espinoza y otros Vs. México. Fondo, Reparaciones y Costas. Sentencia de 28 de noviembre de 2018. Serie C No. 370.	En este caso la Corte verifica la existencia de un contexto de desapariciones forzadas, así como un patrón de impunidad que existe en el país a partir de la militarización de la seguridad pública. La Corte destacó que la función de la policía es preservar el orden y las fuerzas armadas de manera extraordinaria pueden intervenir solamente como efecto complementario y bajo un esquema controlado, pero no para que tengan una participación directa. En el caso hubo un reconocimiento parcial de los hechos.
Corte IDH. Caso Mujeres Víctimas de Tortura Sexual en Atenco Vs. México. Excepción Preliminar, Fondo, Reparaciones y Costas. Sentencia de 28 de noviembre de 2018. Serie C No. 371.	La Corte conoce de las violaciones propiciadas por la policía municipal de Texcoco y San Salvador de Atenco contra un gran grupo de mujeres. La violación a los derechos humanos se produjo mediante un operativo en el cual se pretendía reprimir las manifestaciones que se llevaban en dichos municipios. La Corte IDH determinó que en el caso había las autoridades infligido sus garantías judiciales al momento de la detención, negándoles las razones de la detención, acusaciones, asesoría jurídica, así como la incomunicación. También fueron sujetas a tortura como una forma de control social represivo, así como, el sometimiento a diversos tipos de violencia verbal, física y psicológica profundamente estereotipada y discriminatoria, al igual que el tratamiento recibido por parte de los médicos en el penal constituyó un elemento adicional a tratos crueles y degradantes. La Corte fue enfática en señalar las respuestas estereotipadas que dieron las autoridades gubernamentales al momento de conocer de los hechos. Lo cual generó una violencia estereotipada re victimizando a las propias víctimas.

Corte IDH. Caso Digna Ochoa y familiares Vs. México. Excepciones Preliminares, Fondo, Reparaciones y Costas. Sentencia de 25 de noviembre de 2021. Serie C No. 447.	Este caso fue de especial interés para la Corte IDH pues aborda temas relacionados con los defensores de derechos humanos. Este tipo de personas en países como México sufren de constantes agresiones directas o indirectas por parte de la autoridad, además el caso involucraba a una mujer (Digna Ochoa) quien era defensora de derechos humanos y fue privada de su vida, por lo cual la Corte destacó que las mujeres defensoras de derechos humanos sufrían obstáculos adicionales en razón del género como la misoginia, la estigmatización, el sexismo, al igual que al momento de presentarse la denuncia no fueron tomadas con seriedad.
Corte IDH. Caso Tzompaxtle Tecpile y otros Vs. México. Excepción Preliminar, Fondo, Reparaciones y Costas. Sentencia de 7 de noviembre de 2022. Serie C No. 470.	El caso es muy importante para la Corte IDH pues aborda el tema relativo a la prisión preventiva oficiosa y el arraigo en México. La Corte indicó que por tratarse de una medida restrictiva a la libertad de naturaleza pre-procesal con fines investigativos, resultaba contraria al contenido de la Convención, en particular vulneraba per se los derechos a la libertad personal y la presunción de inocencia de la persona arraiga. La Corte señaló que la prisión preventiva es una excepción y no una regla de trato, pues debe imperar la presunción de inocencia debe ser considerada la última ratio, prefiriendo el uso de penas alternas, por tanto, para su aplicación la prisión preventiva debe tener una finalidad de su aplicación y una razón fundad sobre el peligro que se pretende prever, así como un análisis respecto de otras medidas menos lesivas para que esta pueda proceder.

<table>
<tr><td>Corte IDH. Caso García Rodríguez y otro Vs. México. Excepciones Preliminares, Fondo, Reparaciones y Costas. Sentencia de 25 de enero de 2023. Serie C No. 482.</td><td>El caso es muy importante para la Corte IDH pues aborda el tema relativo a la prisión preventiva oficiosa y el arraigo en México. Las cuales se consideran penas anticipadas, además de que en la práctica mexicana este tipo de medidas violentan la presunción de inocencia y las garantías judiciales que tienen las personas al momento de ser detenidas por la autoridad. La Corte determinó que había elementos suficientes para señalar que las víctimas habían sufrido maltrato al momento de ser detenido, así como, la existencia de demora en su procedimiento.</td></tr>
<tr><td colspan="2" align="center">Opiniones consultivas solicitadas por el Estado mexicano a la Corte Interamericana</td></tr>
<tr><td>Corte IDH. El derecho a la información sobre la asistencia consular en el marco de las garantías del debido proceso legal. Opinión Consultiva OC-16/99 de 1 de octubre de 1999. Serie A No. 16.</td><td>El Estado mexicano solicitó a la Corte IDH la opinión respecto al tema de la asistencia consular en el marco de las garantías del debido proceso. En esta opinión la Corte respondió 4 preguntas relativas a la convención de Viena sobre el Derecho de los tratados y 4 sobre el Pacto Internacional de los Derechos Civiles y Políticos:
1. ¿Debe entenderse el artículo 36 de la Convención de Viena [sobre Relaciones Consulares], en el sentido de contener disposiciones concernientes a la protección de los derechos humanos en los Estados Americanos?
R: Que el artículo 36 de la Convención de Viena sobre Relaciones Consulares reconoce al detenido extranjero derechos individuales, entre ellos el derecho a la información sobre la asistencia consular, a los cuales corresponden deberes correlativos a cargo del Estado receptor.</td></tr>
</table>

	2. Desde el punto de vista del Derecho internacional, ¿está subordinada la exigibilidad de los derechos individuales que confiere el citado artículo 36 a los extranjeros, por parte de los interesados frente al Estado receptor, a las protestas del Estado de su nacionalidad? **R:** Que el artículo 36 de la Convención de Viena sobre Relaciones Consulares concierne a la protección de los derechos del nacional del Estado que envía y está integrada a la normativa internacional de los derechos humanos. **3. Tomando en cuenta el objeto y fin del artículo 36.1.b) de la Convención de Viena, ¿debe interpretarse la expresión "sin dilación" contenida en dicho precepto, en el sentido de requerir que las autoridades del Estado receptor informen a todo extranjero detenido por los delitos sancionables con la pena capital de los derechos que le confiere el propio artículo 36.1.b), en el momento del arresto y en todo caso antes de que el detenido rinda cualquier declaración o confesión ante las autoridades policíacas o judiciales?** **R:** Que la expresión "sin dilación" utilizada en el artículo 36.1.b) de la Convención de Viena sobre Relaciones Consulares, significa que el Estado debe cumplir con su deber de informar al detenido sobre los derechos que le reconoce dicho precepto al momento de privarlo de libertad y en todo caso antes de que rinda su primera declaración ante la autoridad. **4. Desde el punto de vista del Derecho internacional y tratándose de personas extranjeras, ¿cuáles debieran ser las consecuencias jurídicas respecto de la imposición y ejecución de la pena de muerte, ante la falta de notificación a que se refiere el artículo 36.1.b) de la Convención de Viena?**

	R: Que la observancia de los derechos que reconoce al individuo el artículo 36 de la Convención de Viena sobre Relaciones Consulares no está subordinada a las protestas del Estado que envía. **5. ¿Deben entenderse los artículos 2, 6, 14 y 50 del Pacto, en el sentido de contener disposiciones concernientes a la protección de los derechos humanos en los Estados americanos?** **R:** Que los artículos 2, 6, 14 y 50 del Pacto Internacional de Derechos Civiles y Políticos conciernen a la protección de los derechos humanos en los Estados americanos. **6. En el marco del artículo 14 del Pacto, ¿debe entenderse que el propio artículo 14 debe aplicarse e interpretarse a la luz de la expresión "todas las garantías posibles para asegurar un juicio justo", contenida en el párrafo 5 de las respectivas salvaguardias de las Naciones Unidas y que tratándose de extranjeros acusados o inculpados de delitos sancionables con la pena capital, dicha expresión incluye la inmediata notificación al detenido o procesado, por parte del Estado receptor, de los derechos que le confiere el artículo 36.1.b) de la Convención de Viena?** **R:** Que el derecho individual a la información establecido en el artículo 36.1.b) de la Convención de Viena sobre Relaciones Consulares permite que adquiera eficacia, en los casos concretos, el derecho al debido proceso legal consagrado en el artículo 14 del Pacto Internacional de Derechos Civiles y Políticos; y que este precepto establece garantías mínimas susceptibles de expansión a la luz de otros instrumentos internacionales como la Convención de Viena sobre Relaciones Consulares, que amplían el horizonte de la protección de los justiciables.

	7. Tratándose de personas extranjeras acusadas o inculpadas de delitos sancionables con la pena capital, ¿se conforma la omisión, por parte del Estado receptor, de la notificación exigida por el artículo 36.1.b) de la Convención de Viena con respecto a los interesados, con el derecho de éstos a disponer de "medios adecuados para la preparación de su defensa" de acuerdo con el artículo 14.3.b) del Pacto? **R:** Que la inobservancia del derecho a la información del detenido extranjero, reconocido en el artículo 36.1.b) de la Convención de Viena sobre Relaciones Consulares, afecta las garantías del debido proceso legal y, en estas circunstancias, la imposición de la pena de muerte constituye una violación del derecho a no ser privado de la vida "arbitrariamente", en los términos de las disposiciones relevantes de los tratados de derechos humanos (v.g. Convención Americana sobre Derechos Humanos, artículo 4; Pacto Internacional de Derechos Civiles y Políticos, artículo 6), con las consecuencias jurídicas inherentes a una violación de esta naturaleza, es decir, las atinentes a la responsabilidad internacional del Estado y al deber de reparación. **8. Tratándose de personas extranjeras acusadas o inculpadas de delitos sancionables con la pena capital, ¿debe entenderse que las expresiones "garantías mínimas", contenida en el artículo 14.3 del Pacto, y "equiparables como mínimo", contenida en el párrafo 5 de las respectivas salvaguardias de las Naciones Unidas, eximen al Estado receptor del inmediato cumplimiento con respecto al detenido o procesado de las disposiciones del artículo 36.1.b) de la Convención de Viena?**

	R: Que las disposiciones internacionales que conciernen a la protección de los derechos humanos en los Estados americanos, inclusive la consagrada en el artículo 36.1.b) de la Convención de Viena sobre Relaciones Consulares, deben ser respetadas por los Estados americanos Partes en las respectivas convenciones, independientemente de su estructura federal o unitaria. El Juez Jackman hizo conocer a la Corte su Voto Parcialmente Disidente y los Jueces Cançado Trindade y García Ramírez sus Votos Concurrentes, los cuales acompañarán a esta Opinión Consultiva.
Corte IDH. Condición jurídica y derechos de los migrantes indocumentados. Opinión Consultiva OC-18/03 de 17 de septiembre de 2003. Serie A No. 18.	El Estado mexicano solicitó a la Corte IDH la opinión respecto al tema de las condiciones de los migrantes indocumentados. En esta opinión la Corte señala que existe una condición vulnerable de los migrantes, esta condición vulnerable puede ser de iure (al establecer una diferencia en la ley entre nacionales y extranjeros) mientras de facto (establece la existencia de una desigualdad estructural). Las garantías de debido proceso deben ser otorgados a todas las personas migrantes sin importar su condición. En el tema de los derechos laborales los migrantes que entablan relaciones laborales adquieren derechos con independencia de la situación migratoria, y la calidad migratoria no priva de dicho derecho y del ejercicio de los derechos humanos. Además los Estados son responsables de que el empleador establezca condiciones dignas y adecuadas para los trabajadores. La Corte refiere la importancia de los derechos de asociación y libertad sindical, prohibiendo cualquier tipo de trabajo forzoso, siendo así no es admisible que el Estado proteja o tolere la explotación laboral de los trabajadores migrantes por lograr un progreso nacional.

Estas son los casos y las opiniones que la Corte Interamericana de Derechos Humanos ha emitido en relación al Estado mexicano de las sentencias antes referidas, un tema común ha sido el del "Control de Convencionalidad", que es un concepto desarrollado en diversos fallos interamericanos y algunos votos particulares. Los Estados al ratificar un tratado internacional asumen las obligaciones contenidas en ellos, que deben ser cumplidas; en el caso de la Convención Americana consiste en la protección de los derechos humanos de las personas que se encuentran dentro de su jurisdicción. Los Estados tienen que realizar todas las medidas pertinentes para cumplir con las obligaciones interamericanas, a través de todas las autoridades, en el ámbito de sus competencias, como legislativas, ejecutivas y jurisdiccionales.

La experiencia con los derechos humanos en México si bien tuvo su auge permanente a partir de 2011 con la reforma constitucional, lo cierto es que hasta esa época el foro y la academia, no tomaban en consideración los derechos humanos, pues los catalogaban como un cumulo de valores éticos y de buena actuación en la práctica profesional, pero sin una aplicación meramente prácticas quedándose en el plano deontológico, por lo cual la figura de los organismos autónomos protectores de derechos humanos se encontraban relegados en el olvido.

La Comisión Nacional de Derechos Humanos (CNDH), el cual es un organismo autónomo creado en 1990, a través de un decreto firmado por el entonces Presidente Carlos Salinas de Gortari, para promover y vigilar que las instituciones gubernamentales cumplieran con sus obligaciones de defender y respetar los derechos humanos, cuya base constitucional se encuentra en el artículo 102 apartado B, el cual a la letra dice:

> Artículo 102 Apartado B
> [...]
> El Congreso de la Unión y las legislaturas de las entidades federativas, en el ámbito de sus respectivas competencias, establecerán organismos de protección de los derechos humanos que ampara el orden jurídico mexicano, los que conocerán de quejas en contra de actos u omisiones de naturaleza administrativa provenientes de cualquier autoridad o servidor público, con excepción de los del Poder Judicial de la Federación, que violen estos derechos.

> Los organismos a que se refiere el párrafo anterior, formularán recomendaciones públicas, no vinculatorias, denuncias y quejas ante las autoridades respectivas. Todo servidor público está obligado a responder las recomendaciones que les presenten estos organismos. Cuando las recomendaciones emitidas no sean aceptadas o cumplidas por las autoridades o servidores públicos, éstos deberán fundar, motivar y hacer pública su negativa; además, la Cámara de Senadores o en sus recesos la Comisión Permanente, o las legislaturas de las entidades federativas, según corresponda, podrán llamar, a solicitud de estos organismos, a las autoridades o servidores públicos responsables para que comparezcan ante dichos órganos legislativos, a efecto de que expliquen el motivo de su negativa.
> Estos organismos no serán competentes tratándose de asuntos electorales y jurisdiccionales.
> El organismo que establezca el Congreso de la Unión se denominará Comisión Nacional de los Derechos Humanos; contará con autonomía de gestión y presupuestaria, personalidad jurídica y patrimonio propios. Las Constituciones de las entidades federativas establecerán y garantizarán la autonomía de los organismos de protección de los derechos humanos.
> [...]

Hay que tener presente que la CNDH se consolidó gracias al apoyo de la comunidad internacional al contribuir de manera directa sobre el gobierno para que abordara los problemas relacionados con los derechos humanos. Este organismo originalmente formaba parte de la Secretaria de Gobernación, fue hasta 1992 cuando se convierte en un órgano con personalidad jurídica propia, sin embargo, en cuanto a la materia presupuestaria todavía dependía del ejecutivo, siendo este quien nombraba a su representante, por lo cual no era completamente autónomo el órgano. Fue hasta el año de 1999 cuando mediante reforma constitucional la CNDH obtuvo una personalidad jurídica propia de manera completa, teniendo su propio presupuesto y la designación de sus miembros es con la venia del Senado[177].

Desde una visión crítica la CNDH puede ser catalogada como un león sin dientes, si bien la CNDH tiene entre sus funciones investigar y documentar los abusos y violaciones de los derechos humanos consagrados en la CADH y la constitución federal, el documento que

---

177 Enríquez Guzmán M. (2005) Historia de la CNDH. México. Comisión Nacional de los Derechos Humanos.

emite consiste en una **recomendación** hacia el Estado mexicano **sin efectos vinculantes**, cierto es que en dicho documento se redactan las violaciones y se identifican las instituciones que han violentados los derechos humanos e identifica las medidas necesarias para repararlos, sin embargo, no adopción de estas recomendación no incluye ningún tipo de sanción penal o civil, simplemente conlleva la destitución del cargo del titular, no tiene efectos expansivos. A pesar de que existan situaciones en las cuales se genere violaciones graves a los derechos humanos, la CNDH puede emitir recomendaciones, sin embargo, ha de buscar llegar a acuerdos firmados con la institución gubernamental responsable del abuso, las recomendaciones de tipo generales analizan las leyes, políticas, acciones u omisiones que realiza la autoridad que finalizan en violaciones a derechos humanos. Estos acuerdos de "conciliación" escritos contienen un análisis de las violaciones de los derechos humanos y enuncian los pasos que las autoridades gubernamentales acordaron dar para remediarlas[178]. Una de las mejores cualidades que posee la CNDH es poder presentar acciones de inconstitucionalidad ante la Suprema Corte de Justicia de la Nación para impedir que las leyes sean contrarias a la CADH y a la constitución federal.

Capítulo IV

I. LA JUSTICIA TRANSICIONAL Y EL DERECHO A LA VERDAD

En los últimos años las violaciones a los derechos humanos por parte del Estado mexicano han generado incertidumbre dentro de su población, sobre todo en el aspecto de la investigación y el proceso de enjuiciamiento de los responsables, lo cual ha puesto la mirada internacional en el país y su forma de gobierno. En un mundo tan globalizado, las resoluciones en materia de derechos humanos originan que los sistemas jurídicos se readapten a las nuevas exigencias y expectativas de la comunidad internacional. La justicia transicional es tan esperada, para que las violaciones que sufrió un grupo de personas sean atendidas, ahora que el factor del miedo desapareció y que las leyes de amnistía no dejen impunes los crímenes cometidos, a fin de que se cumpla la garantía de no repetición.

La justicia transicional tiene un enfoque filosófico iusnaturalista, teniendo, en consideración estos aspectos la reforma constitucional de junio de 2011 en materia derechos humanos, permitió que el legislador mexicano contemplara en sus artículos 1o y 133, los bloques de convencionalidad, constitucionalidad y los procedimientos de interpretación conforme a fin de que todas las personas gozaran de los derechos humanos reconocidos en el texto constitucional y los tratados internacionales. Para ello es importante entender que los tratados internacionales juegan un papel muy importante en la justicia transicional, entre ellos están: La Carta de las Nacionales Unidas, la Convención de Viena sobre el Derecho de los Tratados, el Pacto Internacional de los derechos Civiles y Políticos, la Convención Americana sobre Derechos Humanos o Pacto de San José de Costa Rica.

Las exigencias sociales hacen que las leyes se adapten a los nuevos desafíos, por ello debe tenerse en cuenta el principio de legalidad, dividido en dos vertientes: primero en las cuales interviene cuando no exista el apego a la legalidad por parte de los Estados, y, segundo cuando se pretende evitar el abuso del poder, mediante la división de poderes[179].

Lo presentado refiere a dos puntos de vistas: El primero el cual el Estado se muestra como una figura apática a los intereses de sus ciudadanos, en el caso de las leyes de amnistía se basa en el olvido y el perdón, cuando este tipo de leyes no resultan ser abstractas, generales e impersonales, al conceder privilegios a quienes cometieron las violaciones a derechos humanos. Segundo el Estado crea la división de poderes como método de vigilancia y autocontrol del poder, por lo que tolerar la existencia de leyes de amnistía implica un encubrimiento mutuo de las violaciones a derechos humanos. De manera que, el orden jurídico en el cual está viviendo esa sociedad parte de premisas que resultan injustas, por tanto, si el derecho se vuelve injusto simplemente no es derecho[180].

¿Qué representa la justicia transicional? El develar la verdad. Lamentablemente en el plano jurídico existen dos tipos verdades; 1) la verdad judicial: aquella descubierta y reconstruida dentro de los procesos, y, 2) la verdad histórica: es la reconstrucción de los hechos a través de la naturaleza del proceso, las normas judiciales, criterios del juez, de las víctimas y sus familiares, así como de la sociedad[181]. En la justicia transicional el conocimiento de la verdad permite esclarecer los hechos, a los cuales solo unos cuantos tienen acceso, "los responsables", las personas interesadas quedan fuera de las investigaciones.

El derecho a la verdad es propio e irrenunciable de toda sociedad, conlleva el conocimiento de las razones y circunstancias en las cuales fueron perpetrados los crímenes a fin de evitar su repetición futura[182]. En la justicia transicional la existencia de comisiones de la verdad, las

---

179 Montes R. (2009) *"Sobre el principio de legalidad";* Anuario de Derecho constitucional latinoamericano, UNAM. México, p. 99-100.

180 Radbruch G. (2014) *Introducción a la filosofía del derecho.* Fondo de Cultura Económica. México, p. 46.

181 Rodríguez L. (2015) *Cultura y dictadura Argentina (1976-1983).* Argentina. Universidad Nacional de la Plata, p. 30.

182 Comisión Nacional de Derechos Humanos (2018) *Estudio para elaborar una propuesta de política pública en materia de Justicia Transicional en México.* Recuperado de https://www.cndh.org.mx/sites/default/files/documentos/2019-01/Estudio_Justicia_Transicional_México.pdf

componen de grupos de expertos, que pertenecen a organizaciones no gubernamentales u organismos internacionales, los cuales no tienen funciones jurisdiccionales, no obstante, colaboran en la develación de la verdad[183]. Las comisiones de la verdad ayudan a reconocer la responsabilidad del Estado, no obstante, los procedimientos de investigación de estas no son un remplazo de los procesos judiciales, pero en juicio pueden servir como material probatorio[184]. Las comisiones de la verdad buscan no dejar impune las violaciones sistemáticas a los derechos humanos, logrando con ello que exista una justicia restaurativa y retributiva.

La reparación del daño en los casos de justicia transicional debe ser efectiva, adecuada y rápida, tiene como objeto promover la justicia, remediar las violaciones a los derechos humanos, la reparación debe ser para las víctimas directas como para las indirectas. Desde un enfoque garantista, la justicia transicional es muy crítica en el papel de la racionalidad de las normas y al verificar su validez en términos de la racionalidad material constitucional[185], está no se completa por el solo hecho de crear instituciones, sino que debe atender al estudio de la estructura de ese sistema, para que funcione de mejor manera al impartir justicia. La justicia transicional ayuda a las sociedades a alcanzar ese ideal de justicia, recuérdese que la justicia no es dictada por la voz de uno o de algunos, sino que es un coro en el que todas las voces se unen para formar una[186].

II. EJEMPLOS INTERNACIONALES DE LA JUSTICIA TRANSICIONAL

La justicia transicional no es un tema tan novedoso como pudiera pensarse, ya que cada nación tiene su propia historia la cual resulta

---

183 Ibáñez Najar J. (2017) *Justicia transicional y comisiones de la verdad.* Biblioteca de derechos humanos. Bogotá-Otzenhausen-Madrid. Berg Institute, p. 90.

184 Cfr. Corte IDH Caso Osorio Rivera y Familiares vs Perú, Excepciones preliminares, Fondo, Reparaciones y Costas. Sentencia de 26 de noviembre de 2013. Serie C. No 274, párr. 147.

185 Ferrajoli L. (1999) *Derechos y garantías la ley del más débil.* España. Editorial Trotta, p. 44.

186 Márquez Roa U. (2018) Medidas extremas, derechos humanos, derecho civil y familia. México Editorial Flores editor y distribuidor, p. 123.

innegable, a partir de esta se desarrollan sus sistemas jurídicos, políticos y económicos. Conocer brevemente la historia de una sociedad, ayuda a establecer si existe o no la necesidad de implementar la justicia transicional. Varios países han tenido una historia sangrienta, debido a los conflictos armados, ya fueran internos o externos, de manera enunciativa se pueden citar los casos de Alemania, Argentina, Chile, y España.

Los antecedentes de la Alemania nazi generaron varias afectaciones a la comunidad internacional, principalmente con la población judía condenándolos a muerte en los campos de concentración, donde la dignidad humana de estas personas fue olvidada completamente. Los tribunales de Nuremberg fueron una forma de justicia transicional al sentar las bases legales para consolidar el Estatuto de Roma, los responsables fueron acusadas de cometer crimines de guerra, crímenes de lesa humanidad, contra la paz, violación al *ius in bellum y ius ad bellum,* así como, el exterminio, las deportaciones, esclavitud, asesinatos entre otros, mientras en paralelo se buscaba desnazificar al pueblo alemán[187], sin embargo, las malas semillas suelen germinar rápido y hoy en pleno siglo XXI los postulados del nazismo se diseminaron en diferentes partes del mundo, la justicia transicional lucha para evitar que continúen perpetuándose esos males, con ello se demuestra la dificultad de luchar contra las ideologías.

En España la dictadura de Francisco Franco, condujo a la guerra civil española, periodo en el que se generó un terrorismo de Estado por parte del gobierno, se produjeron crímenes de guerra, crímenes de lesa humanidad, genocidio, desapariciones forzadas, persecuciones por motivos políticos y religioso, por mencionar algunos de los ejemplos. Tras la muerte de Francisco Franco el 20 de noviembre de 1975, después de casi 40 años de dictadura se consideraba que España estaba en posibilidad de acceder a la democracia homologándolo a la Comunidad Económica Europea[188]. No obstante, aprobó el 15 de octubre de 1977 la ley de Amnistía en España, se pretendía ol-

[187] Romeike S (2016) La *Justicia transicional en Alemania después de 1945 y después de 1989.* Nuremberg Alemania. Internationla Nuremberg Principles Academy, p. 11.

[188] Sartorius N (2018*) El final de la dictadura la conquista de la democracia en España (noviembre de 1975-diciembre 1978)* España. Editorial Espasa, p. 38.

vidar aquello que sucedió durante el Franquismo, dejando impune los crímenes y las afectaciones ocasionadas durante el gobierno de Franco, creándose el denominado "pacto del olvido". Una muestra, por enterrar el pasado la historia y la verdad en España fue prohibir las investigaciones sobre el tema, quienes quisieron investigar estos crimines fueron suspendidos de sus puestos como el Juez Baltazar Garzón.

En Chile al implementar las políticas económicas de Milton Friedman se llevó a la quiebra al gobierno de Salvador Allende, para generar un caos y con ello justificar la necesidad de un orden, lo cual permitió que Augusto Pinochet llegara al poder, y quienes resultaran sospechosos serian detenidos e interrogados, para después ser asesinados[189]. El caso de Chile evidenció la formación militar de la Escuela de las Américas bajo las políticas de seguridad nacional con las cuales se combatió el miedo con el terror, produciéndose crímenes de lesa humanidad. Los cuales se caracterizan por una tolerancia, connivencia o indiferencia del cuerpo social para impedirlos, así como, por contar de la participación política que no se limita a acciones aisladas[190].

En Chile durante la dictadura de Augusto Pinochet, existieron cerca de 3,197 víctimas de ejecuciones sumarias y desapariciones forzadas, y 33,221 detenidos, de quienes una inmensa mayoría fue víctima de tortura[191]. Demostrando que el quiebre económico y la imposición de una ideología política hacen la mezcla perfecta para derrotar al estado social de derecho, para remplazarlo por un estado de seguridad pública, estableciendo el binomio de orden y caos.

El caso de Argentina durante la época de los setenta, la Junta Militar, sustento las violaciones a los derechos humanos bajo los es-

---

189 Baradit J (2018) *La dictadura Historia de Chile.* Chile. Editorial Sudamericana, p. 36.

190 Cfr. Corte IDH. Caso Goiburú y otros Vs. Paraguay. Fondo, Reparaciones y Costas. Sentencia de 22 de septiembre de 2006. Serie C No. 153. Voto razonado de Cançado Trindade párr. 40.

191 Cfr. Corte IDH. Caso Almonacid Arellano y otros Vs. Chile. Excepciones Preliminares, Fondo, Reparaciones y Costas. Sentencia de 26 de septiembre de 2006. Serie C No. 154, párr. 103.

lóganes "por la patria" y "la recuperación del ser nacional"[192]. Esta dictadura implementó una feroz represión para disciplinar a la sociedad, eliminó cualquier tipo de oposición a su proyecto refundacional, aniquilando toda acción que intentara disputar el poder. Como resultado de esta represión, se creó el movimiento de las abuelas de la Plaza de Mayo, ya que las ejecuciones sumarias de personas opositoras al régimen y la sustracción de sus hijos para ser puestos en adopción internacional en otros países, les alejó de sus familias biológicas, a partir de este movimiento las abuelas exigían al gobierno la devolución de sus nietos, de los cuales hasta el 2022 solamente se habían resuelto 130 casos de los 400 niños desaparecidos, siendo el último niño recuperado en 2019, es decir, de 1978 a 2022 han pasado 44 años y no se han recuperado ni la mitad[193].

Tras la dictadura militar se crearon leyes de amnistía como fue la ley 23492 conocida como "punto final" que proponía la extinción de las acciones penales por la supuesta participación en los delitos de desaparición forzada de personas, detenciones ilegales, torturas, homicidios entre otros. Parte de la labor de la justicia transicional fue, abrogar estas leyes por considerarlas una violación reiterada para las víctimas[194].

Todos estos casos marcaron un antes y un después para su sistema jurídico y la justicia transicional. Esta última cumple un papel muy importante que es garantizar que no impere la impunidad en las democracias, se basa en cuatro pilares: 1) Justicia para las víctimas, 2) la develación de la verdad histórica, 3) La reparación de los daños materiales e inmateriales para el individuo y la colectividad, 4) la garantía de no repetición que conlleva restructurar las reformas legales e institucionales[195]. Añádase, uno más que sería "reconciliación y

---

192 Rodríguez Moreno F. (2016) *Verdad histórica y verdad procesal*. Ecuador. Cevallos Editorial Jurídica, p. 50.

193 Abuelas de Plaza de Mayo (2023) https://www.abuelas.org.ar/caso/buscar?tipo=3 consultado el 01/01/2023)

194 Ibáñez Najar J. (2017) *Justicia transicional y comisiones de la verdad*. Biblioteca de derechos humanos. Bogotá-Otzenhausen-Madrid. Berg Institute, p. 143.

195 Ardila, D. (2008). *Justicia Transicional: Principios Básicos*. Escola de Cultura de Pau. Recuperado de https://escolapau.uab.cat/img/programas/derecho/justicia/doc004.pdf

paz" a partir del ejercicio de la justicia transicional se puede permitir que las sociedades sanen las heridas del pasado.

En el tema de la Justicia transicional la Corte Constitucional de Colombia en su sentencia C-579 de 2013 ha establecido características especiales asegurar la no repetición de los actos, omisiones o leyes que causaron violaciones irreparables sobre las víctimas y lograr una armonización entre los intereses nacionales y la protección internacional de los derechos humanos, las cuales deben ser entendidas como elementos que permiten combatir la impunidad por las violaciones a los derechos humanos.

III. BREVIARIO DE LA JUSTICIA TRANSICIONAL EN MÉXICO

México vive desde hace muchos años un fenómeno de violencia a gran escala, lo cual afecta los derechos humanos de las personas que habitan el país, la violencia forma parte de los sectores estatales y no estatales, dejando un gran número de víctimas directas e indirectas, sin embargo, debido a los altos incides de corrupción e impunidad que operan en el país no ha sido posible atenderla mediante instituciones y mecanismos ordinarios de justicia, organismos especializados como la Comisión Nacional de Derechos Humanos han señalado distintos problemas como son:

- Impunidad por hechos no esclarecidos y víctimas que no han sido identificadas.
- Violaciones a los derechos humanos y delitos que no han sido sancionados.
- Victimas que no han sido atendidas y reparadas.
- Instituciones que carecen de capacidades para garantizar que los hechos no se repitan[196].

---

196 Comisión Nacional de Derechos Humanos (2018) *Estudio para elaborar una propuesta de política pública en materia de Justicia Transicional en México.* Recuperado de https://www.cndh.org.mx/sites/default/files/documentos/2019-01/Estudio_Justicia_Transicional_México.pdf

México durante la época de los sesenta vivió un periodo denominado la guerra sucia se caracterizó por las violaciones a los derechos humanos de forma masiva por parte del gobierno, promovida principalmente al no aplicar los mecanismos jurisdiccionales para investigar, enjuiciar y castigar a los culpables, garantizando la impunidad de los perpetradores, volviéndose sus actos una burla para la justicia[197] Para un país como México, la década de los sesenta fue clave, para crear el eslogan tradicional que caracterizaría la política del pueblo mexicano "aquí no pasa nada". Durante esta época se consideró que el régimen político de México era el de un país autoritario, estable, pacífico y poco violento[198], por lo cual el eslogan "aquí no pasa nada" funcionaba como la perfecta máscara para ocultar los crímenes perpetrados.

La justicia transicional en México tiene una lista de casos muy larga la cual debe atender, como son: 1968 la masacre de Tlatelolco en la Ciudad de México. 1971 la Masacre del Jueves de Corpus "El Halconazo" en la Ciudad de México. 1960-1970 La lucha de guerrillas y narcotráfico en el Estado de Guerrero. 1993 los feminicidios de Ciudad Juárez. 1995 la masacre de Aguas Blancas en Guerrero. 1997 la matanza de Actael en Chiapas. 2001 el caso del Campo Algodonero en Chihuahua. 2006 la masacre de Atenco en el Estado de México. 2006 el conflicto social. Asamblea Popular de los Pueblos de Oaxaca en Oaxaca. 2009 el incendio de la guardería ABC en Sonora. 2010 la primera masacre de San Fernando en Tamaulipas. 2011 la segunda masacre de San Fernando en Tamaulipas. 2012 la masacre de migrantes Cadereyta en Nuevo León. 2014 la Matanza de Tlatlaya en el Estado de México. 2014 el caso Igual en Guerrero. 2014 el caso Ayotzinapa. 2015 la masacre de Tanhuato de Michoacán. 2016 el enfrentamiento de Nochixtli[199]. Todos los casos enunciados

---

197 López F. (2013) *Miguel Nazar Haro y la guerra sucia en México:* Universidad Nacional Autónoma de México. Consultado el 12 de diciembre de 2021: http://www.fuac.edu.co/recursos_web/descargas/grafia/grafia10/03.pdf

198 Treviño, J. (2018). L*a justicia transicional en perspectiva comparada: Centroamérica y México.* México. Centro de Investigaciones sobre América Latina y el Caribe (CIALC) de la Universidad Nacional Autónoma de México (UNAM), p. 61-62.

199 González Chávez (2020) Justicia Transicional en México: ¿Hacia la reconfiguración de la historia política? *Revista Contextualizaciones Latinoamericanas (23)* recuperado de http://contexlatin.cucsh.udg.mx/index.php/CL/article/view/7411/6560

con anterioridad señalan un compromiso con el conocimiento de la verdad histórica, demostrando que México no tiene los mecanismos suficientes para garantizar la seguridad humana y reparación de los afectados en su esfera de derechos[200], volviéndose muchos de ellos un punto muerto dentro del plano jurídico, al tener avances casi nulos respecto al conocimiento de la verdad histórica. Lo plasmado con anterioridad demuestra la gran crisis humanitaria que el país los casos mencionados con anterioridad son solo ejemplos, eslabones de una larga cadena de impunidad ha permeado en el sistema jurídico-político mexicano. La justicia transicional en el Estado mexicano enfrenta un gran reto al tratar de develar la verdad histórica, brindar justicia, reparar a las víctimas y garantizar la no repetición de las violaciones, en un país donde la memoria es corta y las penas largas.

IV. PLANTEAMIENTO DE LITIGIO ESTRATÉGICO ANTE EL SISTEMA INTERAMERICANO DE PROTECCIÓN A LOS DERECHOS HUMANOS

La mejor guerra es aquella que no se pelea
Sun Tzu

El sistema interamericano de derechos humanos se presenta como un sistema que permite establecer un "litigio estratégico" el cual es un motor para la justicia, pues se diseña para promover de manera consiente la aclaración, el respeto, la protección y la realización de los derechos humanos. Tener un litigio estratégico en materia de derechos humanos ofrece una oportunidad para que los Estados reconozcan las fallas y creen leyes, políticas y prácticas para obtener reparaciones tras violaciones de los derechos humanos y evitar que las mismas vuelvan a suceder. El litigio estratégico establece un compromiso social, un interés público y la búsqueda de causas jus-

---

200 Díaz Fernández A. M. (2018) *La violencia de Estado en México durante la guerra sucia. Injusticias continuadas y memorias resistidas.* Revista de Cultura de Paz (2) recuperado de http://www.revistadeculturadepaz.com/index.php/culturapaz/article/view/24

tas, propiamente se busca que exista una legitimación ad procesum y ad causam, además de que las mismas resulten tener un impacto importante para la vida jurídica de la sociedad.

El litigio estratégico toma pauta de los núcleos de los abogados, académicos, juristas y activistas de toda la sociedad, quienes se unen para realizar las causas judiciales internacionales, de forma estratégica a fin de hacer justicia, proporcionar reparaciones, garantías de no repetición, e impacto durardero, así como transformaciones jurídicas estructurales que impacten la vida de la nación para reforzar las obligaciones internacionales en materia de derechos humanos, fortaleciendo de esta manera a las instituciones encargadas de proteger estos derechos.

El litigio estratégico en el sistema interamericano busca develar y exponer patrones de conducta ilegales, arbitrarios o estructurales que lleven a violaciones a los derechos humanos. La promoción de los derechos que resulte activa a partir de los reclamos a grupos sociales. Controvertir políticas públicas que contradigan estándares internacionales sea conforme a su contenido, forma o implementación. La inclusión de los temas de derechos humanos en las agendas de los Estados en su tres niveles de gobierno.

El litigio estratégico interamericano tiene como eje central la interpretación jurídica, la cual es pilar fundamental para la argumentación jurídica, entre los casos más importantes de interpretación se encuentra la ponderación. La cual es definida como un ejercicio de racionalidad[201]. Es muy importante poner atención en la traducción realizada pues se utiliza término racionalidad y no razonabilidad, el significado de ambos términos es distintos en el español y deja en ocasiones abierta la puerta para la interpretación del término y su uso. Mientras que en idiomas como el alemán no se distingue entre los términos de racionalidad y racionabilidad, se usan distintos términos véanse algunos ejemplos:

Idioma alemán	Idioma español	
Das Verständnis; comprensión, sentido, inteligencia, entendimiento, compenetración, talento. **Die auffassungsgabe**: compresión, entendimiento, inteligencia. **Der fassungskraft:** capacidad mental, comprensión. **Der begriffsvermögen**: Facultad comprensiva, comprensión, entendimiento, entendederas **Die einsicht:** discernimiento, comprensión, examen, inspección, juicio. **Die erkenntnis**: discernimiento, comprensión, conocimiento, entendimiento, luz, fallo. **Das einfühlungsvermögen**: Compenetración, comprensión, intuición.	**Racionalidad:** Cualidad de racional. **Racional:** Perteneciente o relativo a la razón. **Racional**: Conforme a la razón. **Racional:** expresión algebraica, que puede escribirse como cociente de dos polinomios. **Racional:** Ornamento sagrado que llevaba puesto en el pecho el sumo sacerdote de Israel. **Racional:** Contador mayor de la casa real de Aragón.	**Razonabilidad:** Calidad de ser razonable. **Razonable**: Adecuado, conforme a razón. (al momento de dar una respuesta **Razonable:** Proporcionado o no exagerado.

Como se puede observar el significado de cada término resulta ser mucho más específico gracias a los campos semánticos. De la misma manera, el vocablo razón usado como sustantivo presente en el alemán algunas variantes interesantes:

Idioma alemán	Idioma español
Die Raison: razón. **Die Räson**: razón. **Der Vernunft:** razón, sentido común, buen sentido, entendimiento, juicio, asentamiento. **Der Verstand:** inteligencia, intelecto, mente, entendimiento, razón, juicio. **Der Grund:** fondo, suelo, tierra, terreno, fundamento, razón. **Die Ursache:** causa, razón, motivo, casual, móvil, origen. **Der Anlass:** ocasión, motivo, razón, causa, caso, margen.	**Razón:** facultad de discurrir. **Razón:** Acto de discurrir el entendimiento. **Razón**: Palabras o frases con que se expresa el discurso. **Razón:** Argumento o demostración que se aduce en apoyo de algo. **Razón**: Motivo **Razón:** Orden y método en algo. **Razón:** Justicia, rectitud en las operaciones, o derecho para ejecutarlas **Razón:** Equidad en las compras y ventas. **Razón:** Cuenta, relación, computo.

Idioma alemán	Idioma español
Der Erklärung: definición, razón, motivo, explicación, interpretación, comentario. **Der Einwand:** objeción, reparo, réplica, dificultad, distingo, razón. **Des Recht**: derecho, razón, equidad, justicia, privilegio, prerrogativa. **Der Berichtigung**: rectificación, ajuste, saldo, arreglo, corrección, razón. **Die Billigung:** sanción, aprobación, consentimiento, pláceme, razón. **Das Verhältnis**: proporción, relación, querida, ligue, lío, razón. **Die ÄuBerung**: manifestación, declaración, observación, comentario, enunciación, razón. **Die Auskunft**: referencia, información, informe, dato, razón. **Die Nachricht**: noticia, novedad, nueva, mensaje, recado, razón.	**Razón:** Recado, mensaje, aviso. **Razón:** Cociente de dos números o, en general, de dos cantidades compatibles entre sí.

Como puede apreciarse existe una pluralidad de definiciones en alemán para la palabra razón, esto permite la existencia de un lenguaje mucho más especializado y concreto en la formulación de ideas centrales, y no deja un margen tan amplio para la interpretación como lo haría el español.

Conforme a lo anterior es posible señalar que la racionalidad y la razonabilidad no pueden ser usados como sinónimos, pues la primera tiene como referente a las ciencias exactas, mientras la segunda se establece en el campo de la plausibilidad y la verosimilitud, mediante la verificación formal y un paso posterior del intelecto buscando establecer un fundamento científico. Siendo así la ponderación debería ser establecida a partir de un esquema de razonabilidad y no de racionalidad, pues el referente es distinto, tenga en cuenta este punto al momento de plantear sus argumentos como agente del Estado.

En el tema de la ponderación debe tener en consideración que forma parte de la argumentación jurídica y del litigio estratégico, como una herramienta cuya aplicación puede provocar un resultado indeterminable. En ocasiones se señala que la ponderación es una estructura formal y vacía, basada en apreciaciones subjetivas, ideológicas y empíricas del juez. Toda vez que la ponderación se basa en la razonabilidad, la cual reestructura la base de una serie de criterios de análisis que integran todos los juicios necesarios para comprender la validez de una medida, el control de razonabilidad se vuelve un análisis de la proporcionalidad, entre los principios además pretende examinar la relación entre los medios y fines mediatos e inmediatos de una medida que se pretenda adoptar a fin de que sea proporcionada[202]. Siendo así, la razonabilidad dentro de la ponderación se vuelve un principio que permite reestructurar la base de una serie de criterios de análisis que permiten señalar la validez de las medidas adoptadas conforme a la normatividad.

La razonabilidad se vuelve una herramienta indispensable para la creación de la teoría del caso, pues a través de su empleo se puede verificar la postura sostenida mediante un fundamento científico, es decir, todas las premisas están sujetas a pruebas. Téngase presente que la razonabilidad se vuelve un principio que genera una herramienta que permite generar funciones:

- **Interpretativa:** al generar un pragmatismo para la generación de normas, como sería la jurisprudencia[203].
- **Integradora:** al crear criterios de resolución de lagunas jurídicas[204].
- **Limitativa**: ya que demarca el ejercicio determinadas facultades[205].
- **Fundamenta del ordenamiento**, en cuanto legitima o reconocer la validez de otros fuetes de derecho[206].

---

202 Tesis Aislada de registro 2007923 [noviembre 2014] https://sjf2.scjn.gob.mx/detalle/tesis/2007923

203 Dehesa Dávila G (2015) Introducción a la retórica y la argumentación. 7ª ed. México. Suprema Corte de Justicia de la Nación. P. 495.

204 Ídem.

205 Ídem.

206 Ídem.

- **Sistematizadora del orden jurídico**, para la generación de reglas de trato y la reafirmación de principios jurídicos que componen el sistema[207].

Siendo así la razonabilidad juega un papel fundamental en la legitimidad de las decisiones e interpretaciones normativas, con base en los criterios de razonabilidad se puede establecer una serie de parámetros para integrar juicios necesarios que ayuden a comprender la validez de una medida.

Una buena medida la teoría del caso se apuntala con el principio de razonabilidad para generar el impacto necesario en el espectador y la autoridad, lo anterior a fin de que deba existir un pensamiento lógico jurídico en el momento de argumentar oralmente y obtener el mayor beneficio posible[208]. La teoría del caso en el sistema interamericano de derechos humanos se debe basar en el uso de una metodología adecuada para la construcción las hipótesis que permitan detectar la violación a los derechos humanos con ello ser permite, construir, recolectar, depurar y exponer su posición estratégica frente a los hechos materia de proceso, al igual que la interpretación y reinterpretación de términos que permite generar la articulación del discurso y que la hipótesis fuese demostrada, con ello se brinda al juez de una carga demostrativa que le permite contar con los elementos de juicio mediante los cuales resolverá el conflicto de interés jurídico, siendo así, la teoría del caso, debe incluir una narración persuasiva y debe incluir la mayor cantidad de hechos de la causa bajo las circunstancias de modo, tiempo y lugar[209].

La teoría del caso como un ejercicio argumentativo permite generar una práctica discursiva que establezca los fundamentos jurídicos al a par de una descripción detallada de los hechos y el material pro-

---

207 Ídem.

208 Benavente Chorres, H (2011). Guía para el estudiante del proceso penal acusatorio y oral. México, Flores editor y Distribuidor, p. 19.

209 Baytelman A, A y Duce J, M. (2008) Litigación penal. Juicio oral y prueba. México, Fondo de cultura económica. Instituto Nacional de Ciencias Penales, p. 102 Benavente Chorres, H (2011). Guía para el estudiante del proceso penal acusatorio y oral. México, Flores editor y Distribuidor, pp. 195-196 León Parada, V. (2005) ABC del nuevo Sistema Acusatorio Penal. Colombia, Ecoe Ediciones, p. 178.

batorio que se presentará. Dentro de las técnicas de argumentación jurídica debemos entender que cada tipo de alegato se presenta en una etapa determinada del proceso, ello para generar el mayor impacto posible. Siendo así, en el alegato de apertura no se pueden incluir conclusiones, ya que se estaría prejuzgando, pues nada se ha probado y se dejaría ver al contrincante la estrategia litigiosa, tampoco podemos comprometernos a realizar aquello que no se cumplirá, pues de otra forma se sobredimensionaría la prueba y provocaría falsas apreciaciones para el cliente y para la autoridad. La teoría del caso no es una herramienta para crear argumentos viscerales en la autoridad, tratar de hacerlo solamente demostraría la falta de preparación como abogados, tampoco se debe caer en abstracciones, y mientras más complejo sea el caso, se necesitarán más apoyos audiovisuales.

La teoría del caso se plantea como una hipótesis la cual puede modificarse y ajustarse hasta antes de comenzar el juicio oral o durante la sustanciación de este último, por ello se pide que la teoría del caso sea sencilla, lógica, con una suficiencia jurídica, es decir, que posea los elementos normativos suficientes para la acreditación de una determinada conducta, derecho o acción, y flexible a fin de que pueda adaptarse o comprender los posibles desarrollos del proceso, sin cambiar radicalmente, de otra manera provocaría incertidumbre e incredibilidad.

Ahora bien, el litigio estratégico busca satisfacer, por una parte, las aspiraciones de transformación legal y el impacto social, al igual que avanzar en la protección de los derechos de las víctimas implicadas en el caso. Una decisión, resolución o sentencia positiva avanzará en la protección de los intereses de la víctima, permitirá reformas legales adecuadas y beneficiará en el futuro a personas en igualdad de situaciones.

El litigio estratégico relacionado con causas de derechos humanos, además, debe llamar la atención sobre los abusos y violaciones graves a los derechos, los patrones que ejemplifica el caso puntual y las alternativas de superación, y debe resaltar la obligación del Estado para avanzar efectivamente en el cumplimiento de sus compromisos internacionales. La eficacia del litigio estratégico depende de la estrategia de comunicación desarrollada alrededor del caso. Tanto el contacto con los medios de comunicación, como el empleo general de los precedentes por la organización no gubernamental local, clínica de litigio o ambos, servirán para ampliar el potencial del caso y garantizar el cumplimiento de las decisiones obtenidas por las autoridades públicas.

Sugerencia: Si usted como agente del Estado se encuentra ante un litigio en el sistema interamericano es válido señalar que deberá buscar preferiblemente una solución amistosa, a fin de que el problema sea resuelto de una manera sencilla y beneficiosa para ambas partes.

Sugerencia: En el aspecto jurídico educativo, el sistema jurídico mexicano debería fomentar la visión crítica y reflexiva sobre su propio sistema, no así la perpetuación de operadores jurídicos sin que se establezca una reflexión sobre la aplicación de la norma y si esta afecta más allá de lo permitido la esfera jurídica de los gobernados. De ahí que el litigio estratégico consiste en buscar estas injusticias e intentar remediarlas utilizando al sistema interamericano como principal instrumento de cambio, aunque no exclusivamente tenga que llegarse ante la Corte Interamericana, basta con que los abogados postulantes, autoridades judiciales y autoridades administrativas reflexionen sobre la jurisprudencia interamericana.

Sugerencia: Si usted dentro del sistema interamericano pretende realizar una argumentación basada en un ejercicio de ponderación tenga en consideración que Para realizarlo se usan los enunciados internos como resultados normativos, mientras los externos son descriptivos. Los enunciados jurídicos internos (EJI) se definen por construir expresiones de aceptación normativa, sin embargo, se traducen como análisis satisfactorios, mediante los cuales se despejan dudas e inquietudes, desde perspectivas como las de Gibbard, se conforma como una suma, que ofrece precisiones de los términos de interés por medio de la presentación de expresiones sinónimas[210], es decir, exista una concordancia entre aquellos hechos que se juzgan, los derechos involucrados, y los razonamientos que permiten llegar a la conclusión, además, debería agregarse la sujeción a la compro-

---

[210] Gibbard A (2003) Thinking How to live. Cambridge, Harvard University Press, pp. 236-237.

bación de los resultados, pues las apelaciones, finalmente son comprobaciones que se realizan sobre los razonamientos lingüísticos y jurídicos de las sentencias. Es preciso señalar lo que señala Gibbard:

> El análisis oblicuo se centra no en los enunciados de primer orden (internos) que en el fondo interese, sino en enunciados de segundo orden, teóricos, que atribuyan a ciertos hablantes la formulación de enunciados de primer orden; o en la caracterización de los estados mentales involucrados en la formulación de los enunciados de primer orden investigados[211].

El razonamiento de Gibbard de la pauta para crear una ponderación comprobable, desde un trabajo de la exegesis como el que propone Toh[212]sobre los EJI, presenta:

- La aceptación de una norma que considera dotada de validez de acuerdo a la regla de reconocimiento del sistema jurídico de su voluntad.
- Presupone el contenido aceptado de la regla de reconocimiento.
- La eficacia de esa regla de reconocimiento.

Propiamente expone la necesidad de un sistema de comprobación, basado en el principio general "donde existe igual razón debe haber igual disposición", esta analogía, busca seguirse en las teorías de los casos, así como en la argumentación jurídica basada en razonamientos jurisprudenciales. Pero esta analogía queda abierta a una pluralidad de interpretaciones, lo que debe realizarse es una acotación, que permita el comprobarla y nos lleve a un resultado más concreto y aceptado. Por tanto, al argumentar bajo estas proposiciones es preciso señalar que se debe tomar en consideración la jurisprudencia que emita la Corte Interamericana y su homóloga europea, a fin de establecer nuevos precedentes y criterios de razonamiento.

Conclusiones

La promoción y protección de los derechos humanos en México cada día se retoman con un mayor vigor, principalmente a partir del denominado litigio estratégico ante los organismos interamericanos de protección a los derechos humanos como son la Corte Interamericana de Derechos Humanos y la Comisión. De suyo resulta cierto que el sistema interamericano de protección a los derechos humanos en la última década se conforma bajo un estándar hetero-normativo de nutrición hacia los regímenes jurídicos internos de los Estados, sin embargo, la evolución paulatina de los derechos humanos dentro del derecho interno de los Estados, también va nutriendo al sistema interamericano.

La Comisión y la Corte Interamericana de Derechos Humanos, cada juegan un papel más importante en la consolidación de la justicia transicional y en las pautas para crear un litigio estratégico. Es importante señalar que conforme al primer punto

La concepción concreta que debe tenerse sobre el funcionamiento de la justicia transicional en el arco nacional e internacional se da conforme a cuatro pilares que son; 1) la verdad, 2) la justicia, 3) las reparaciones 4) la garantía de no repetición. Estos pilares actúan de manera continua, formando parte de un todo sin el cual este tipo de justicia no podría existir.

Ciertamente la justicia transicional sirve para ayudar a que las sociedades se consoliden como verdaderas democracias, mientras que las leyes de amnistía celebran la impunidad. La justicia transicional es acompañada de la verdad histórica, mientras las leyes de amnistía conllevan un velo de mentiras, por ello, la justicia transicional refiere a la verdad como un derecho irrenunciable para las sociedades democráticas.

La justicia transicional es efectiva siempre que sea utilizada en su totalidad y nunca en una porción, para el caso mexicano el país se encuentra lejos de alcanzar una verdadera justicia transicional, ello con independencia de las observaciones, recomendaciones y condenas que realicen los organismos internacionales, por tanto, los mexicanos debemos pugnar por lograr consolidar un litigio estratégico, en el cual día con día el foro y la academia se involucren en mayor medida en los estándares internacionales de justicia en materia de derechos que ofrece la Corte Interamericana de Derechos Humanos.

Al crearse esta obra se pensó sobre todo en la practicidad de la misma, el hermanar los aspectos dogmáticos con los prácticos le permite al lector contar un doble enfoque, incitándole a realizar un litigio estratégico, por ello se resolvieron una serie de preguntas que develan aspectos fundamentales dentro del procedimiento a tomar en consideración. Así mismo, dentro de la misma se pueden encontrar diversas sugerencias para realizar un litigio estratégico que permite enriquecer los criterios del tribunal internacional, tomando en consideración lo establecido en la Convención Americana de Derechos Humanos, los estatutos y reglamentos respectivos de los organismos internacionales.

El sistema interamericano se encuentra en una evolución constante, los criterios e interpretaciones realizados sobre la Convención Americana y otros tratados internacionales sobre derechos humanos fortalecen el sistema interamericano previendo una salvaguarda mayor, así como, la estandarización de los criterios internos de la legislación de los Estados con la jurisprudencia emitida por el tribunal interamericano.

La presente obra desarrolla criterios jurídicos que pueden ser ocupados dentro del litigio estratégico en materia de derechos humanos, además, se respondieron diversas preguntas concernientes los procedimientos de la Comisión y la Corte Interamericana de Derechos Humanos, impera destacar que en la presente obra se diagramaron los procedimientos a fin de que fuera más sencilla su comprensión. Es importante señalar que la obra retoma muchos aspectos jurisprudenciales para que las explicaciones sean completas, de manera que exista una sinergia entre los aspectos doctrinales y prácticos.

Fuentes de información

Alexy R. (2014) La fórmula del peso, (Trad. Carlos Bernal Pulido) en Argumentación jurídica. El uso de la ponderación y la proporcionalidad Carbonell M (coord.) Quito. Editora Jurídica.

Arias Ruelas, S F, (2011)La reforma constitucional de derechos humanos y la transversalización de los derechos", *Revista IUS,* año V, núm. 28

Arias Grillo R. (2008) *La actividad cautelar en los procesos constitucionales de protección de derechos fundamentales, control de constitucionalidad y conflictos de competencia: especial referencia al ordenamiento jurídico costarricense.* Revista de Ciencias Jurídicas N° 116 recuperado de chrome-extension://efaidnbmnnnibpcajpcglclefindmkaj/https://www.corteidh.or.cr/tablas/r23099.pdf

Baradit J (2018) *La dictadura Historia de Chile.* Chile. Editorial Sudamericana,

Bascur María Luisa, García Campos Alán y Gorjón Gabriela, (2016) Violaciones a derechos humanos en México: ¿Cómo presentar una queja ante la ONU? Organización de las Naciones Unidas

Baytelman A, A y Duce J, M. (2008) Litigación penal. Juicio oral y prueba. México, Fondo de cultura económica. Instituto Nacional de Ciencias Penales.

Benavente Chorres, H (2011). Guía para el estudiante del proceso penal acusatorio y oral. México, Flores editor y Distribuidor.

Bernhardt R (1999) "Evolutive treaty interpretation, especially of the European Convention of Human Rights". German Yearbook of International Law, vol. 42

Betanzos Torres, E. O. Márquez Roa U. González I (2021) Teoría de la maquinaria jurídica. Tirant lo Blanch.

Betanzos Torres E.O y Franco Rodríguez M.J (2021) Estado actual del Sistema Interamericano de Derechos Humanos. Medidas cautelares. Tirant lo Blanch. México

Calamandrei, Piero (2011) Introducción al estudio sistemático de las providencias cautelares, España, Lex.

Cançado Trindade, A. A. (2017). *El derecho internacional de los derechos humanos en el siglo XXI.* Editorial Jurídica de Chile.

Cárdenas Rioseco R (2007). *El derecho a un proceso justo sin dilaciones indebidas.* México, Porrúa.

Carocca Pérez, Alex (2003) Manual de Derecho Procesal, Tomo II, Santiago, LexisNexis.

Comisión Interamericana de Derechos Humanos. (2020) Digesto de decisiones sobre admisibilidad y competencia de la Comisión Interamericana de Derechos Humanos. Organización de los Estados Americanos y la Comisión Interamericana de Derechos Humanos.

Comisión Mexicana de Defensa y Promoción de los Derechos Humanos y Otros. (2013). *Reforma al Código de Justicia Militar.* Ciudad de México. Comisión Mexicana de Defensa y Promoción de Derechos Humanos. (Agosto de 2019). *CMDPDH.* Recuperado el 2 de febrero de 2021, de http://cmdpdh.org/casos-paradigmaticos-2-2/casos-defendidos/rosendo-radilla-pacheco/

Comisión Nacional de Derechos Humanos (2018) *Estudio para elaborar una propuesta de política pública en materia de Justicia Transicional en México.* Recuperado de https://www.cndh.org.mx/sites/default/files/documentos/2019-01/Estudio_Justicia_Transicional_México.pdf

Contreras, Juan Carlos G. (2011). Modelo para armar: litigio estratégico en derechos humanos. México D.F.: Comisión Mexicana de Defensa y Promoción de los Derechos Humanos A.C.

Corcuera Cabezut, S. (2021). *Derecho Constitucional y Derecho Internacional de los Derechos Humanos.* Oxford University Press.

Dehesa Dávila G (2015) Introducción a la retórica y la argumentación. 7ª ed. México. Suprema Corte de Justicia de la Nación.

De Sousa Santos B (2003). La caída de Angelus Novus: ensayos para una nueva teoría social y una nueva práctica política, Bogotá, ILSA

Díaz Fernández A. M. (2018) *La violencia de Estado en México durante la guerra sucia. Injusticias continuadas y memorias resistidas.* Revista de Cultura de Paz (2) recuperado de http://www.revistadeculturadepaz.com/index.php/culturapaz/article/view/24

Distefano G (2011)L'interprétation evolutive de la norme internationale. Revue Générale de Droit International Public. Tomo 115, núm. 2

Estremadoyro Vermejo, J (2001): "Repensando el interés público desde una perspectiva de género", en Discriminación e interés Público; Cuadernos de análisis jurídico. Escuela de Derecho, Universidad Diego de Portales, Felipe González (ed), Santiago, No.12

Enríquez Guzmán M. (2005) Historia de la CNDH. México. Comisión Nacional de los Derechos Humanos

Ferrajoli L. (1999) *Derechos y garantías la ley del más débil.* España. Editorial Trotta.

Ferrer Mac-Gregor, E,(2012) "Interpretación conforme y control difuso de convencionalidad. El nuevo paradigma para el juez mexicano". En: Ferrer MacGregor, E (Coord.). *El control difuso de convencionalidad. Diálogo entre la Corte Interamericana de Derechos Humanos y los jueces nacionales.* México, Fundación Universitaria de Derecho, Administración y Política.

Ferrer Mac-Gregor, E., & Pelayo Möller, C. M. (2017). *Las obligaciones generales de la Convención Americana sobre Derechos Humanos (Deber de respeto, garantía y adecuación de derecho interno).* México: IIJ UNAM y CNDH.

García Ramírez, S., & del Toro Huerta, M. I. (2013). *México ante la Corte Interamericana de Derechos Humanos.* Porrúa.

Gedisa Giles, H. & Coupland, N. (1991). Language: Contexts and consequences. Milton Keynes: Open University Press

Gibbard A (2003) Thinking How to live. Cambridge, Harvard University Press.

Gibbard A (2012) Meaning and normativity. Oxford, Oxford University Press.

González Chávez (2020) Justicia Transicional en México: ¿Hacia la reconfiguración de la historia política? *Revista Contextualizaciones Latinoamericanas (23)* recuperado de http://contexlatin.cucsh.udg.mx/index.php/CL/article/view/7411/6560

Gonzalo Aguilar Cavallo (2016) Principios de interpretación de los derechos fundamentales a la luz de la jurisprudencia chilena e internacional. Scielo. Bol. Mex. Der. Comp. vol. 49 no.146

Ibáñez Najar, J. (2017) *Justicia transicional y comisiones de la verdad.* Biblioteca de derechos humanos. Bogotá-Otzenhausen-Madrid. Berg Institute.

Lanzarote Martínez, P. (2005). La vulneración del plazo razonable en el proceso penal, Granada, Editorial Comares S.L.

León Parada, V, (2005) ABC del nuevo Sistema Acusatorio Penal. Colombia, Ecoe Ediciones.

Le Creq Ortega J.A et al(2022) Índice Global de Impunidad. México. Universidad de las Américas Puebla.

Márquez Roa U. (2018) Medidas extremas, derechos humanos, derecho civil y familia. México Editorial Flores editor y distribuidor

Méndez Silva, Ricardo. (2014). Impacto de las sentencias de la Corte Interamericana de Derechos Humanos. Boletín mexicano de derecho comparado

Montes R. (2009) *"Sobre el principio de legalidad";* Anuario de Derecho constitucional latinoamericano, México, UNAM.

Patrón Muñoz, R. (enero de 2017). CONTROL EX OFFICIO DE CONSTITUCIONALIDAD: Primer caso en el Estado de Guerrero. *Quid Iuris*(35). Obtenido de http://www.teever.gob.mx/files/CONTROL-OFICIO-DE-CONSTITUCIONALIDAD–MAGDO.-RENE-PATR-N-MU-OZ-.pdf

Quiroga León, A (2011) "La actualidad del proceso cautelar y su modificación en el Código Procesal Civil", Themis, Revista de Derecho, no. 59

Rangel Hernández, L. (2011). *Sentencias condenatorias al Estado mexicano dictadas por la Corte Interamericana de Derechos Humanos y sus implicaciones en el orden jurídico nacional*. Revista IUS, 5(28), de http://www.scielo.org.mx/scielo.php?script=sci_arttext&pid=S1870-21472011000200008&lng=es&tlng=es.

Radbruch G. (2014) *Introducción a la filosofía del derecho.* Fondo de Cultura Económica. México

Raz, J (1990) Practical Reason and Norms, 2a edi. U.S.A. Princeton University Press.

Rekosh E, Bu, Kyra A. & Vessela T (2015) Pursuing the Public Interest: A handbook for legal professionals and activists, Public Interest Law Initiative.

Rodríguez L. (2015) *Cultura y dictadura Argentina (1976-1983).* Argentina. Universidad Nacional de la Plata.

Rodley, N. (1998). *Informe del Relator Especial, Sr. Nigel Rodley, presentado con arreglo a la resolución 1997/38 de la Comisión de Derechos Humanos,* Ciudad de México: ONU

Rodríguez Moreno F. (2016) *Verdad histórica y verdad procesal.* Ecuador. Cevallos Editorial Jurídica.

Romeike S (2016) La *Justicia transicional en Alemania después de 1945 y después de 1989*: Nuremberg Alemania. Internationla Nuremberg Principles Academy.

Romero Seguel, Alejandro (2015), Curso de derecho procesal civil. Los presupuestos procesales relativos al procedimiento, Tomo III, Santiago, Thomson Reuters.

Sandoval Ovando E (2015) impacto de los medios de comunicación de masas sobre la opinión pública: ¿sobre los peligros dela adolescencia? *Diversitas: Perspectivas en Psicología,* Universidad Santo Tomás vol. 11, núm. 1

Sandoval, E. (2014). Posibilidades educativas del adolescente infractor de la ley: Desafíos y proyecciones a partir de su propensión a aprender. Psicología Educativa

Sartorius N (2018) *El final de la dictadura la conquista de la democracia en España (noviembre de 1975-diciembre 1978)* España. Editorial Espasa.

Toh, K (2005) Hart's Expressivism and his Benthamite Project, *Legal Theory* núm. 11

Treviño, J. (2018). L*a justicia transicional en perspectiva comparada: Centroamérica y México.* México. Centro de Investigaciones sobre América Latina y el Caribe (CIALC) de la Universidad Nacional Autónoma de México (UNAM)

Van Dijk, T. (1991). Racism and the press. Londres: Routledge. Van Dijk, T. (2007). Racismo y discurso en América latina. Barcelona. Open University

Tratados internacionales y leyes

Constitución Política De Los Estados Unidos Mexicanos. Constitución publicada en el Diario Oficial de la Federación el 5 de febrero de 1917. Última reforma publicada DOF 06-06-2023

Convención Americana Sobre los Derechos Humanos México hizo el depósito del instrumento de ratificación ante la Secretaría General de la Organización de Estados Americanos el 3 de abril de 1982. La Convención fue aprobada por el Senado de la República el 18 de diciembre de 1980, conforme al Decreto publicado en el Diario Oficial de la Federación el 9 de enero de 1981 y el Decreto de Promulgación se publicó el 7 de mayo del mismo año. Contiene 78 artículos y 4 artículos sobre disposiciones transitorias.

Convención Interamericana sobre Cumplimiento de Medidas Cautelares, segunda conferencia especializada interamericana sobre derecho internacional privado adoptada en Montevideo Uruguay adoptada el 8 de mayo de 1979

Convención de Viena sobre el derecho de los tratados U.N. Doc A/CONF.39/27 (1969), 1155 U.N.T.S. 331, entrada en vigor 27, 1980. Viena, 23 de mayo de 1969

Carta de las Naciones Unidas La Carta de las Naciones Unidas se firmó el 26 de junio de 1945 en San Francisco, al terminar la Conferencia de las Naciones Unidas sobre Organización Internacional, y entró en vigor el 24 de octubre del mismo año. El Estatuto de la Corte Internacional de Justicia es parte integrante de la Carta.

Declaración Americana de Derechos y Deberes del Hombre, preámbulo, fue aprobada el 2 de mayo de 1948 en la Novena Conferencia Internacional Americana celebrada en Bogotá, Colombia.

Carta de la Organización de los Estados Americanos, artículo 1 Reformada por los Protocolos de Buenos Aires, 27 de febrero de 1967, Cartagena de Indias, 5 de diciembre de 1985, Washington, 14 de diciembre de 1992, y Managua, 10 de junio de 1993.

Estatuto de la Comisión Interamericana de Derechos Humanos Aprobado mediante la Resolución N° 447 adoptada por la Asamblea General de la OEA en su noveno período ordinario de sesiones, celebrado en La Paz, Bolivia, octubre de 1979

Reglamento de la Comisión Interamericana de Derechos Humanos aprobado por la Comisión en su 137° período ordinario de sesiones, celebrado del 28 de octubre al 13 de noviembre de 2009; y modificado el 2 de septiembre de 2011 y en su 147° período ordinario de sesiones, celebrado del 8 al 22 de marzo de 2013, para su entrada en vigor el 1° de agosto de 2013.

Estatuto de la Corte Interamericana de Derechos Humanos aprobado mediante Resolución N° 448 adoptada por la Asamblea General de la OEA en su noveno período de sesiones, celebrado en La Paz, Bolivia, octubre de 1979.

Reglamento de la Comisión Interamericana de Derechos Humanos aprobado por la Corte en su LXXXV Período Ordinario de Sesiones celebrado del 16 al 28 de noviembre de 2009.

Jurisprudencia internacional

Corte IDH. Caso Velásquez Rodríguez Vs. Honduras. Excepciones Preliminares. Sentencia de 26 de junio de 1987. Serie C No. 1.

Corte IDH. Caso Velásquez Rodríguez Vs. Honduras. Fondo. Sentencia de 29 de julio de 1988. Serie C No. 4

Corte IDH. Caso Godínez Cruz Vs. Honduras. Sentencia de 20 de enero de 1989 (Fondo). Serie C No. 5

CorteIDH. Caso Fairén Garbi y Solís Corrales Vs. Honduras. Sentencia de 15 de marzo de 1989 (Fondo). Serie C No. 6.

Corte IDH. El derecho a la información sobre la asistencia consular en el marco de las garantías del debido proceso legal. Opinión Consultiva OC-16/99 de 1 de octubre de 1999. Serie A No. 16.

Corte IDH. Caso Castillo Páez Vs. Perú. Sentencia de 30 de enero de 1996 (Excepciones Preliminares). Serie C No. 24

Corte IDH. Caso Loayza Tamayo Vs. Perú. Sentencia de 31 de enero de 1996 (Excepciones Preliminares). Serie C No. 25

Corte IDH. Caso Geni Lacayo Vs. Nicaragua. Fondo, Reparaciones y Costas. Sentencia de 29 de enero de 1997 Serie C No. 30

Corte IDH. Caso de los "Niños de la Calle" (Villagrán Morales y otros) Vs. Guatemala. Excepciones Preliminares. Sentencia de 11 de septiembre de 1997. Serie C No. 32

Corte IDH. Caso Blake Vs. Guatemala. Fondo. Sentencia de 24 de enero de 1998. Serie C No. 36

Corte IDH. Caso de la "Panel Blanca" (Paniagua Morales y otros) Vs. Guatemala. Fondo. Sentencia de 8 de marzo de 1998. Serie C No. 37.

Corte IDH. Caso Castillo Petruzzi Vs. Perú. Sentencia de 04 de septiembre de 1998 (Excepciones Preliminares). Serie C No.41

Corte IDH. Caso Cesti Hurtado Vs. Perú. Excepciones Preliminares. Sentencia de 26 de enero de 1999. Serie C No. 49

Corte IDH. Caso de la Comunidad Mayagna (Sumo) Awas Tingni v. Nicaragua. Sentencia de 01 de febrero de 2000 (Excepciones Preliminares). Serie C No 66

Corte IDH. Caso Bácama Velásquez Vs. Guatemala. Fondo. Sentencias de 25 de noviembre de 2000. Serie C. No. 70

Corte IDH. Caso Tribunal Constitucional Vs. Perú. Sentencia de 31 de enero de 2001 (Fondo, Reparaciones y Costas). Serie C No. 71.

Corte IDH. Caso Ivcher Bronstein Vs. Perú. Fondo, Reparaciones y Costas. Sentencia de 6 de febrero de 2001. Serie C No. 74

Corte IDH. Caso de la Comunidad Mayagna (Sumo) Awas Tingni Vs. Nicaragua. Fondo, Reparaciones y Costas. Sentencia de 31 de agosto de 2001. Serie C No. 79

Corte IDH. Caso Cantos Vs. Argentina. Excepciones Preliminares. Sentencia de 7 de septiembre de 2001. Serie C No. 85

Corte IDH. Caso Las Palmeras Vs. Colombia. Fondo. Sentencia de 6 de diciembre de 2001. Serie C No. 90

Corte IDH. Caso de los Hermanos Gómez Paquiyauri vs. Perú, sentencia de 8 de julio de 2004, serie C, no. 110

Corte IDH. Caso de las Hermanas Serrano Cruz Vs. El Salvador. Fondo, Reparaciones y Costas. Sentencia de 1 de marzo de 2005. Serie C No. 120.

Corte IDH. Caso Tibi Vs. Ecuador. Excepciones Preliminares, Fondo, Reparaciones y Costas. Sentencia de 7 de septiembre de 2004. Serie C No. 114.

Corte IDH. Caso de la "Masacre de Mapiripán" Vs. Colombia. Sentencia de 15 de septiembre de 2005. Serie C No. 134

Corte IDH. Caso Comunidad Indígena Sawhoyamaxa Vs. Paraguay. Fondo, Reparaciones y Costas. Sentencia de 29 de marzo de 2006. Serie C No. 146

Corte IDH. Caso Goiburú y otros Vs. Paraguay. Fondo, Reparaciones y Costas. Sentencia de 22 de septiembre de 2006. Serie C No. 153.

Corte IDH. Caso Almonacid Arellano y otros Vs. Chile. Excepciones Preliminares, Fondo, Reparaciones y Costas. Sentencia de 26 de septiembre de 2006. Serie C No. 154

Corte IDH. Caso Castañeda Gutman Vs. México. Excepciones Preliminares, Fondo, Reparaciones y Costas. Sentencia de 6 de agosto de 2008. Serie C No. 184

Corte IDH. Caso Heliodro Portugal Vs. Panamá. Excepciones Preliminares, Fondo, Reparaciones y Costas. Sentencia de 12 de agosto de 2008. Serie C No. 186

Corte IDH. Caso Anzualdo Castro Vs. Perú. Excepción Preliminar, Fondo, Reparaciones y Costas. Sentencia de 22 de septiembre de 2009. Serie C No. 202

Corte IDH. Caso Fernández Ortega y otros Vs. México. Excepción Preliminar, Fondo, Reparaciones y Costas. Sentencia de 30 de agosto de 2010. Serie C No. 215

Corte IDH. Caso Cabrera García y Montiel Flores Vs. México. Excepción Preliminar, Fondo, Reparaciones y Costas. Sentencia de 26 de noviembre de 2010. Serie C No. 220.

Corte IDH Corte IDH Caso Mejía Idrovo Vs. Ecuador. Excepciones Preliminares, Fondo, Reparaciones y Costas. Sentencia de 5 de julio de 2011. Serie C No. 228

Corte IDH. Caso Atala Riffo y niñas Vs. Chile. Fondo, Reparaciones y Costas. Sentencia de 24 de febrero de 2012. Serie C No. 239

Corte IDH. Caso Díaz Peña Vs. Venezuela. Excepción Preliminar, Fondo, Reparaciones y Costas. Sentencia de 26 de junio de 2012. Serie C No. 244.

Corte IDH. Caso Furlan y familiares vs Argentina. Excepciones Preliminares, Fondo, Reparaciones y Costas. Sentencia de 31 de agosto de 2012. Serie C. No. 246

Corte IDH. Caso Nadege Dorzema y otros Vs. República Dominicana. Fondo, Reparaciones y Costas. Sentencia de 24 de octubre de 2012. Serie C No. 251

Corte IDH. Caso Artavia Murillo y otros (Fecundación in Vitro) Vs. Costa Rica. Excepciones Preliminares, Fondo, Reparaciones y Costas. Sentencia de 28 de noviembre de 2012. Serie C No. 257

Corte IDH. Caso Mémoli Vs. Argentina. Excepciones Preliminares, Fondo, Reparaciones y Costas. Sentencia de 22 de agosto de 2013. Serie C No. 265.

Corte IDH. Caso Familia Pacheco Tineo Vs. Bolivia. Excepciones Preliminares, Fondo, Reparaciones y Costas. Sentencia de 25 de noviembre de 2013. Serie C No. 272

Corte IDH Caso Osorio Rivera y Familiares vs Perú, Excepciones preliminares, Fondo, Reparaciones y Costas. Sentencia de 26 de noviembre de 2013. Serie C. No 274

Corte IDH. Caso Brewer Carías Vs. Venezuela. Excepciones Preliminares. Sentencia de 26 de mayo de 2014. Serie C No. 278

Corte IDH. Caso Norín Catrimán y otros (Dirigentes, Miembros y Activista del Pueblo Indígena Mapuche) Vs. Chile. Fondo, Reparaciones y Costas. Sentencia de 29 de mayo de 2014. Serie C No. 279

Corte IDH. Caso hermanos Landaeta Mejías y otros vs. Venezuela. Excepciones preliminares, fondo, reparaciones y costas. Sentencia de 27 de agosto de 2014. Serie C No. 281

Corte IDH. Caso de los pueblos indígenas Kuna de Madungandí y Emberá de Bayano y sus miembros Vs. Panamá. Excepciones preliminares, fondo, reparaciones y costas. Sentencia de 14 de octubre de 2014. Serie C No. 284.

Corte IDH. Caso Rochac Hernández y otros Vs. El Salvador. Fondo, Reparaciones y Costas. Sentencia de 14 de octubre de 2014. Serie C No. 285

Corte IDH. Caso Rodríguez Vera y otros (Desaparecidos del Palacio de Justicia) Vs. Colombia. Excepciones Preliminares, Fondo, Reparaciones y Costas. Sentencia de 14 de noviembre de 2014. Serie C No. 287

Corte IDH. Caso Cruz Sánchez y otros Vs. Perú. Excepciones Preliminares, Fondo, Reparaciones y Costas. Sentencia de 17 de abril de 2015. Serie C No. 292

Corte IDH. Caso Granier y otros (Radio Caracas Televisión) Vs. Venezuela. Excepciones Preliminares, Fondo, Reparaciones y Costas. Sentencia de 22 de junio de 2015. Serie C No. 293

Corte IDH. Caso Amrhein y otros Vs. Costa Rica. Excepciones Preliminares, Fondo, Reparaciones y Costas. Sentencia de 25 de abril de 2018. Serie C No. 354

Corte IDH. Caso Asociación Nacional de Cesantes y Jubilados de la Superintendencia Nacional de Administración Tributaria (ANCEJUB-SUNAT) Vs. Perú. Excepciones Preliminares, Fondo, Reparaciones y Costas. Sentencia de 21 de noviembre de 2019. Serie C No. 394

Corte IDH. Caso Montesinos Mejía Vs. Ecuador. Excepciones Preliminares, Fondo, Reparaciones y Costas. Sentencia de 27 de enero de 2020. Serie C No. 398

Corte IDH. Caso Guzmán Albarracín y otras Vs. Ecuador. Fondo, Reparaciones y Costas. Sentencia de 24 de junio de 2020. Serie C No. 405

Caso de los Empleados de la Fábrica de Fuegos de Santo Antônio de Jesus Vs. Brasil. Excepciones Preliminares, Fondo, Reparaciones y Costas. Sentencia de 15 de julio de 2020. Serie C No. 407

Corte IDH. Caso Guachalá Chimbo y otros Vs. Ecuador. Fondo, Reparaciones y Costas. Sentencia de 26 de marzo de 2021. Serie C No. 423

Corte IDH Caso Guerrero, Molina y otros Vs. Venezuela. Fondo, Reparaciones y Costas. Sentencia de 3 de junio de 2021. Serie C No. 424

Corte IDH. Caso Bedoya Lima y otra Vs. Colombia. Fondo, Reparaciones y Costas. Sentencia de 26 de agosto de 2021. Serie C No. 431

Corte IDH Caso Cuya Lavy y otros Vs. Perú. Excepciones preliminares, Fondo, Reparaciones y Costas. Sentencia de 28 de septiembre de 2021. Serie C No. 438

Corte IDH. Caso Digna Ochoa y familiares Vs. México. Excepciones Preliminares, Fondo, Reparaciones y Costas. Sentencia de 25 de noviembre de 2021. Serie C No. 447.

Corte IDH. Caso Federación Nacional de Trabajadores Marítimos y Portuarios (FEMAPOR) Vs. Perú. Excepciones Preliminares, Fondo y Reparaciones. Sentencia de 1 de febrero de 2022. Serie C No. 448.

Corte IDH. Caso Integrantes y Militantes de la Unión Patriótica Vs. Colombia. Excepciones Preliminares, Fondo, Reparaciones y Costas. Sentencia de 27 de julio de 2022. Serie C No. 455.

Corte IDH. Caso Masacre de la Aldea Los Josefinos Vs. Guatemala. Interpretación de la Sentencia de Excepción Preliminar, Fondo, Reparaciones y Costas. Sentencia de 27 de julio de 2022. Serie C No. 458.

Corte IDH. Caso Profesores de Chañaral y otras municipalidades Vs. Chile. Interpretación de la Sentencia de Excepción Preliminar, Fondo, Reparaciones y Costas. Sentencia de 27 de julio de 2022. Serie C No. 460

Corte IDH. Caso Deras García y otros Vs. Honduras. Fondo, Reparaciones y Costas. Sentencia de 25 de agosto de 2022. Serie C No. 462

Corte IDH. Caso Mina Cuero Vs. Ecuador. Excepción Preliminar, Fondo, Reparaciones y Costas. Sentencia de 7 de septiembre de 2022. Serie C No. 464

Corte IDH. Caso Benites Cabrera y otros Vs. Perú. Excepciones Preliminares, Fondo, Reparaciones y Costas. Sentencia de 4 de octubre de 2022. Serie C No. 465

Corte IDH Corte IDH. Caso Huacón Baidal y otros Vs. Ecuador. Sentencia de 4 de octubre de 2022. Serie C No. 466

Corte IDH. Caso Flores Bedregal y otras Vs. Bolivia. Excepciones Preliminares, Fondo, Reparaciones y Costas. Sentencia de 17 de octubre de 2022. Serie C No. 467

Corte IDH Caso Cortez Espinoza Vs. Ecuador. Excepciones Preliminares, Fondo, Reparaciones y Costas. Sentencia de 18 de octubre de 2022. Serie C No. 468

Corte IDH. Caso Valencia Campos y otros Vs. Bolivia. Excepción Preliminar, Fondo, Reparaciones y Costas. Sentencia de 18 de octubre de 2022. Serie C No. 469.

Corte IDH. Caso Tzompaxtle Tecpile y otros Vs. México. Excepción Preliminar, Fondo, Reparaciones y Costas. Sentencia de 7 de noviembre de 2022. Serie C No. 470.

Corte IDH. Caso Aroca Palma y otros Vs. Ecuador. Excepción Preliminar, Fondo, Reparaciones y Costas. Sentencia de 8 de noviembre de 2022. Serie C No. 471

Corte IDH. Caso Leguizamón Zaván y otros Vs. Paraguay. Fondo, Reparaciones y Costas. Sentencia de 15 de noviembre de 2022. Serie C No. 473.

Corte IDH. Caso Olivera Fuentes Vs. Perú. Excepciones Preliminares, Fondo, Reparaciones y Costas. Sentencia de 4 de febrero de 2023. Serie C No. 484.

Corte IDH. Caso Scot Cochran Vs. Costa Rica. Excepciones Preliminares y Fondo. Sentencia de 10 de marzo de 2023. Serie C No. 486.

Opiniones consultivas

Corte IDH. "Otros tratados" objeto de la función consultiva de la Corte (Art. 64 Convención Americana sobre Derechos Humanos). Opinión Consultiva OC-1/82 de 24 de septiembre de 1982. Serie A No. 1.

Corte IDH. Propuesta de modificación a la Constitución Política de Costa Rica relacionada con la naturalización. Opinión Consultiva OC-4/84 de 19 de enero de 1984. Serie A No. 4.

Corte IDH. El hábeas corpus bajo suspensión de garantías (Arts. 27.2, 25.1 y 7.6 Convención Americana sobre Derechos Humanos). Opinión Consultiva OC-8/87 de 30 de enero de 1987. Serie A No. 8.

Corte IDH. Garantías judiciales en estados de emergencia (Arts. 27.2, 25 y 8 Convención Americana sobre Derechos Humanos). Opinión Consultiva OC-9/87 de 6 de octubre de 1987. Serie A No. 9

Corte IDH. Excepciones al agotamiento de los recursos internos (Arts. 46.1, 46.2.a y 46.2.b, Convención Americana sobre Derechos Humanos). Opinión Consultiva OC-11/90 de 10 de agosto de 1990. Serie A No. 11.

Corte IDH. Compatibilidad de un proyecto de ley con el artículo 8.2.h de la Convención Americana sobre Derechos Humanos. Opinión Consultiva OC-12/91 de 6 de diciembre de 1991. Serie A No. 12.

Corte IDH. El derecho a la información sobre la asistencia consular en el marco de las garantías del debido proceso legal. Opinión Consultiva OC-16/99 de 1 de octubre de 1999. Serie A No. 16

Corte IDH. Titularidad de derechos de las personas jurídicas en el Sistema Interamericano de Derechos Humanos (Interpretación y alcance del artículo 1.2, en relación con los artículos 1.1, 8, 11.2, 13, 16, 21, 24, 25, 29, 30, 44, 46, y 62.3 de la Convención Americana sobre Derechos Humanos, así como del artículo 8.1 A y B del Protocolo de San Salvador). Opinión Consultiva OC-22/16 de 26 de febrero de 2016. Serie A No. 22.

Corte Interamericana de Derechos Humanos medidas provisionales

Corte IDH (2000)Resolución de 12 de noviembre Medidas Provisionales solicitadas por la Comisión Interamericana de Derechos Humanos respecto de la República Dominicana Caso de Haitianos y Dominicanos de Origen Haitiano en la República Dominicana, recuperado de chrome-extension://efaidnbmnnnibpcajpcglclefindmkaj/https://www.corteidh.or.cr/docs/medidas/haitianos_se_02.pdf

Corte IDH (2001) Resolución de 7 de septiembre, Caso del Periódico "La Nación", Medidas provisionales respecto de Costa Rica, considerando 4 recuperado de chrome-extension://efaidnbmnnnibpcajpcglclefindmkaj/https://www.corteidh.or.cr/docs/medidas/lanacion_se_04.pdf

Corte IDH (2013) Resolución de 22 de agosto medidas provisionales respecto de la república del Perú asunto Wong Ho Wing considerando 5 chrome-extension://efaidnbmnnnibpcajpcglclefindmkaj/https://www.corteidh.or.cr/docs/medidas/wong_se_12.pdf

Corte IDH. (2021) Resolución de 16 de marzo. Caso integrantes y militantes de la unión patriótica Vs. Colombia Solicitud de Medidas Provisionales. Recuperado de chrome-extension://efaidnbmnnnibpcajpcglclefindmkaj/https://www.corteidh.or.cr/docs/medidas/up_se_01.pdf

Corte IDH (2023) Resolución de 8 de febrero. Caso Tabares Toro y Otros Vs. Colombia Medidas Provisionales recuperado de chrome-extension://efaidnbmnnnibpcajpcglclefindmkaj/https://www.corteidh.or.cr/docs/medidas/tabares_toro_se_01.pdf

Comisión Interamericana de Derechos Humanos informes de admisibilidad, inadmisibilidad, estadísticas, resoluciones

CIDH (1986) Resolución 2000/86 de la Comisión de Derechos Humanos de las Naciones Unidas y la Resolución 5/2 del Consejo de Derechos Humanos, 9ª sesión, 15 de junio de relativa a los "Código de Conducta para los titulares de mandatos de los procedimientos especiales del Consejo de Derechos Humanos".

CIDH (2003) Informe No. 90/03 petición 0581/1999. Inadmisibilidad. Gustavo Trujillo Gónzalez. Perú 22 de octubre

CIDH (2005) Informe No. 104/05 Petición 65-99. Inadmisibilidad. Víctor Nicolás Sánchez y otros (Operador GateKeeper) Estados Unidos 27 de octubre

CIDH. (2015) Informe No. 64/15 Petición 633-04. Admisibilidad. Pueblos Mayas y miembros de las comunidades de Cristo Rey, Belluet Tree, San Ignacio, Santa Elena y Santa familia. Belice. 27 de octubre

CIDH (2017) Informe No. 122/17 Petición 156-08. Admisibilidad. Williams Mariano Paría Tapia. Perú. 7 de septiembre

CIDH (2018) Informe No. 12/18 Petición 178-10. Admisibilidad. 48 trabajadores fallecidos en la explosión de la mina pasta de Conchos. México 24 de febrero de

CIDH (2016) Informe No. 26/16, petición 923-03. Inadmisibilidad. Rómulo Jonás Ponce Santamaría. Perú 15 de abril

CIDH (2022) Informe 2022 CIDH. Estadísticas comparativas por país. Recuperado de https://www.oas.org/es/cidh/multimedia/estadisticas/estadisticas.html

Jurisprudencia y tesis aisladas de México

Jurisprudencia de registro 184999 [febrero 2003] de registro https://sjf2.scjn.gob.mx/detalle/tesis/184999

Jurisprudencia de registro 167801 [marzo 2009] recuperado de https://sjf2.scjn.gob.mx/detalle/tesis/167801

Jurisprudencia de registro [noviembre 2009] recuperado de https://sjf2.scjn.gob.mx/detalle/tesis/166032

Jurisprudencia de registro 159947 [noviembre 2012] recuperado de https://sjf2.scjn.gob.mx/detalle/tesis/159947

Jurisprudencia de registro 2023741 [noviembre 2021] recuperado de https://sjf2.scjn.gob.mx/detalle/tesis/2023741

Jurisprudencia de registro 2025633 [diciembre 2022] recuperado de https://sjf2.scjn.gob.mx/detalle/tesis/2025633

Tesis aislada de registro 168790 [septiembre 2008] recuperado de https://sjf2.scjn.gob.mx/detalle/tesis/168790

Tesis aislada de registro 160554 [diciembre 2011] recuperado de https://sjf2.scjn.gob.mx/detalle/tesis/160554

Tesis Aislada de registro 2004747 [octubre 2013] recuperado de https://sjf2.scjn.gob.mx/detalle/tesis/2004747

Tesis Aislada de registro 2007923 [noviembre 2014] https://sjf2.scjn.gob.mx/detalle/tesis/2007923

Tesis aislada de registro 2016969 [mayo 2018] recuperado de https://sjf2.scjn.gob.mx/detalle/tesis/2016969

Tesis aislada de registro 2022912 [marzo 2021] recuperado de https://sjf2.scjn.gob.mx/detalle/tesis/2022912

Tesis aislada de registro 2022913 [marzo 2021] recuperado de https://sjf2.scjn.gob.mx/detalle/tesis/2022913

Jurisprudencia de la Corte Europea de Derechos Humanos y la Corte Suprema de los Estados Unidos de Norteamérica

European Comisiion Human Rights de Derechos Humanos caso Lawless vs Ireland 19 de diciembre de 1959.

European Court of Human Rightes Case of Sigma Radio Television Ltd. v. Cyprus. Judgment of 21 July 2011. App. Nos. 32181/04 and 35122/05

Supreme Court Morh vs Grantham No. 84712-6 [october 2011] recuperado de https://law.justia.com/cases/washington/supreme-court/2011/84712-6-1.html

Sitios web

Abuelas de Plaza de Mayo.(2023) https://www.abuelas.org.ar/caso/buscar?tipo=3 consultado el 01/01/2023)

Ardila, D. (2008). *Justicia Transicional: Principios Básicos*. Escola de Cultura de Pau. Recuperado de https://escolapau.uab.cat/img/programas/derecho/justicia/doc004.pdf

Comisión Nacional de Derechos Humanos (2018) *Estudio para elaborar una propuesta de política pública en materia de Justicia Transicional en México*. Recuperado de https://www.cndh.org.mx/sites/default/files/documentos/2019-01/Estudio_Justicia_Transicional_México.pdf

López F. (2013) *Miguel Nazar Haro y la guerra sucia en México:* Universidad Nacional Autónoma de México. Consultado el 12 de diciembre de 2021: http://www.fuac.edu.co/recursos_web/descargas/grafia/grafia10/03.pdf

Organización de las Naciones Unidas. (2005)Lucha contra la impunidad y fortalecimiento de investigaciones de crímenes contra los Derechos Humanos e infracciones al Derecho Internacional humanitario https://www.unodc.org/colombia/es/projust2013/areastematicas4.html

Corte IDH Caso Loayza Tamayo vs Perú, excepciones preliminares, sentencia de 31 de enero de 1996

Caso Manuela y otros Vs. El Salvador. Excepciones preliminares, Fondo, Reparaciones y Costas., Párrafo 147